Heinz Höne

Einwurf

Ein *Sendenhorster* erzählt *Geschichte*(n)

ISBN: 978-3-937772-26-4

1. Auflage Januar 2014
Redaktion: Ruth Damwerth

Bahnhofstraße 1
48291 Telgte
www.biografieverlag.de
Einbandgestaltung: Atelier für Gestaltung Stefanie König, Köln
Herstellung: books on demand GmbH Norderstedt

Heinz Höne

Einwurf

Ein *Sendenhorster* erzählt *Geschichte*(n)

*biografie*VERLAG
ruth damwerth

„..denn die Gegebenheiten des Ortes spielten durchaus eine Rolle!“ **7**
Aufwachsen in Sendenhorst, 1929-1939

„…und triumphierte innerlich ein bisschen mit.“ **34**
NS-Zeit und Krieg machen sich zunehmend bemerkbar, 1939-1943

„Der Junge muss studieren!“ **57**
Schulzeit an der Lehrerbildungsanstalt Wadersloh, einer nationalsozialistischen Ausleseschule, 1943-1944

„Das war einfach unvorstellbar brutal.“ **89**
Kriegserlebnisse 1943-45

„Da war keiner, der nicht irgendwie aus der Bahn geworfen war.“ **106**
Neuorientierung im Chaos der Nachkriegszeit, 1945-1950

„Im Amt liefen die Uhren anders.“ **133**
Das Leben kehrt in geordnete Bahnen zurück, 1950-1959

„Ich hatte nie viel Zeit für Familiensachen, jedenfalls habe ich mir das eingebildet.“ **154**
Familie und Selbstständigkeit, 1959-2001

„Plötzlich stelle ich fest, ich bin regelrecht ein Familienmensch.“ **170**

„...denn die Gegebenheiten des Ortes spielten durchaus eine Rolle!"

Aufwachsen in Sendenhorst, 1929-1939

In einem Haus mit Laden groß zu werden, ist etwas ganz Besonderes. Als ich ein kleiner Junge war, übte der Verkaufsraum mit seinen Gerüchen, den Gesprächen und meiner Mutter hinter der Theke eine große Anziehungskraft aus. Fast noch lieber war mir allerdings, wenn er still und verlassen da lag und niemand die Bonbongläser überwachte, die ordentlich aufgereiht bunt leuchtend auf Kundschaft warteten...

Dabei war die von meinem Großvater gegründete Kolonialwarenhandlung nur ein Teil des Familienbetriebes. Eine Mehlgroßhandlung und Landwirtschaft kamen hinzu. Leider ist über die Entstehungsgeschichte nicht allzu viel bekannt. Mein Großvater Heinrich Höne, mein Namenspatron, der wohl aus Münster-Mauritz stammte, soll das alte Fachwerkhaus Drostenhof/Ecke Kühl gelegen als junger Mann gekauft und seinen geschäftlichen Vorhaben gemäß umgebaut haben. Entsprechend verschachtelt und verwinkelt war das Gebäude und bot jede Menge zu sehen und zu erleben.

Man konnte das Haus von zwei Seiten betreten, seitlich ging eine Tür in unsere Küche, während ein großes Tor im Giebel direkt in den Laden führte. Über dem Tor verkündete ein kleines Schild stolz: „Colonialwaren Handlung Aloys Höne." Daneben befand sich das Schaufenster, in dem auf zwei Etagen Bonbongläser aufgebaut waren und Reklameschilder schaukelten. Der Ladenraum selber maß höchstens dreißig Quadratmeter. Im rechten Winkel zur Eingangstür stand die gut drei Meter lange Theke, hinter der vor meiner Geburt meine Großmutter, Anna Schürmann vom gleichnamigen Hof in Sendenhorst und später meine Mutter die vom Kunden gewünschten Waren zusammensuchten, auf der Waage, deren Gewichte zum Wochenende glänzend poliert wurden, abwogen und in kunstvoll zusammengedrehten Tüten aus Papier verpackten. Zum Teil in Regalen hinter ihnen, zum Teil in einer schmalen abgetrennten Warenkammer in ihrem Rücken befanden sich in Schüben, Fässern, Säcken und Kisten die Lebensmittel, die ja noch weitestgehend lose verkauft wurden. Auf der dem Eingang gegenüberliegenden Seite des Ladens gingen drei Türen ab. Eine führte wenige Treppenstufen hinunter in den Keller, in dem Essig und Petroleum in Fässern gelagert wurden und gebückt stehend gezapft und abgefüllt werden mussten. Eine recht schmale Tür links von der Kellertür führte in die Stube, eigentlich nur eine kleine Kammer, in der sich neben dem Ofen Sofa und Esstisch auf wenig Platz zusammen drängten. Zudem war die Decke abgehängt, um für weitere Waren Stauraum zu schaffen. Trotz der Beengtheit war dies der zentrale Raum des Hauses, vielleicht weil er zwischen Küche und Laden so günstig lag und auch an den kältesten Tagen schnell wunderbar warm wurde. Wichtig war auch, dass das Stubenfenster auf den Drostenhof rausging, so dass

Das Elternhaus: Vorne die Ladentür, links daneben das Schaufenster, rechts die beiden Fenster zum später angebauten „besten Zimmer“. Das Fenster links neben dem Schaufenster gehört zur Warenkammer. An der Längsseite erkennt man das Fenster der Stube, dahinter die Tür in die Küche und das Küchenfenster.

man sah, welcher Nachbar vor dem Haus herging und was sich auf der Straße abspielte. Hier stand später auch unser Radio. Sowohl von dieser Stube als auch von der dritten Tür im Laden, die rechts von der Kellertür lag, kam man in die Küche. Zwischen den beiden Türen stand der große Küchentisch mit seinen Stühlen. Rechts befand sich der große Herd und links, neben der Tür nach draußen, lag das Waschbecken mit Pumpe; daneben stand der wuchtige Küchenschrank. Natürlich war es auch in diesem Raum trotz seiner Größe und Höhe halbwegs warm, da ja der Küchenherd jeden Tag mit Holz oder Briketts eingeheizt wurde. Trotzdem hielten wir uns dort nicht so viel auf. Vielleicht lag das daran, dass die Küche ein Durchgangsraum war. Es gab die Tür nach draußen, von hier aus betrat man Laden und Stube, neben der Tür zum Laden führte außerdem eine Treppe ins Obergeschoss. An der dem Laden gegenüberliegenden Wand befand sich der Durchgang zur Tenne und damit der Übergang zur Landwirtschaft.

Meine Eltern hatten vor ihrer Hochzeit rechts vom Laden an das Haus angebaut. Hier lag das sogenannte „beste Zimmer“, in dem wunderschöne Möbel standen, das aber nie geheizt wurde und daher ausschließlich zu Weihnachten betreten wurde. Dahinter und darüber waren je ein Schlafzimmer entstanden. Unten, in dem Schlafzimmer hinter dem „besten Zimmer“, schlief mein Großvater, oben meine Eltern. Von ihrem Schlafzimmer war eine kleine, türlose Kammer abgeteilt, die später mein Kinderzimmer wurde. Bis auf dieses Schlafzimmer mit Kammer war das Obergeschoss der Mehlgroßhandlung vorbehalten. Dicht an dicht reihten sich die Mehlsäcke auf dem staubigen Boden. Der letzte Teil dieses Geschosses, das sich bis in den Dachstuhl erstreckte, war mit ein paar Brettern abgeteilt, dort wurde das Stroh für die Schweine gelagert. Eine ideale Kombination für Mäuse: Stroh und Mehl. Überall zwischen den Säcken standen Mausefallen, die von meinem Vater regelmäßig „entleert“ und neu mit Speck bestückt wurden.

In diesem Haus wurde ich unter Mithilfe der Hebamme Frau Timmes, die in der Nähe wohnte und wohl fast allen Sendenhorster Kindern ans Licht der Welt verhalf, am Neujahrstag 1929 geboren. Meine Mutter, Maria, geb. Tollkötter, stammte von einem kleinen Kotten in Oelde-Bergeler. Sie war die zweitälteste von fünf Kindern und war nach Sendenhorst gekommen, um bei der Unternehmerfamilie Telges, Blechwarenherstellung und Eiergroßhandlung, Haushaltung zu lernen. Bei welcher Gelegenheit mein Vater Aloys und sie sich kennen gelernt haben, weiß ich leider nicht, aber Sendenhorst war nicht sehr groß und meine Mutter allgemein beliebt. Auf jeden Fall haben sie wohl recht zügig geheiratet, da meine Großmutter kurz zuvor gestorben war und eine Frau in Haus und Laden dringend fehlte. 1927 war die Hochzeit, da waren meine Mutter 21 und mein Vater 24 Jahre alt. Wie es kam, dass mein Vater, der eine Klempnerlehre gemacht hatte, Haus und Hof und Geschäft übernahm, weiß ich nicht genau. Er hatte zehn Geschwister, von denen aber acht innerhalb der ersten drei Lebensjahre starben. Seine ältere Schwester Anna heiratete aus Sendenhorst fort und lebte fortan in Hagen. Onkel Willi, Malergeselle von Beruf, war etwas jünger als mein Vater. Ob er darum in der Erbfolge das Nachsehen hatte oder ob das an seinem Fußballtalent lag? Er war ein bekannter Fußballspieler in Sendenhorst und wurde von einer höherklassigen Mannschaft aus Rheda verpflichtet, wo er schon damals, Ende der zwanziger Jahre, einen geringen Spielerlohn bekam.

Der erste Januar ist schon ein besonderes Geburtsdatum. Gerade bei uns im Münsterland wurde damals und wird zum Teil ja auch noch heute der Namenstag gefeiert, während der Geburtstag gar keine Rolle spielt. Selbst die Geburtsdaten guter Freunde kennt man daher nicht – aber mein Geburtstag kannte jeder und konnte sich auch jeder merken, weshalb ich an diesem Tage immer eine ungewöhnlich große Aufmerksamkeit erfuhr.

Unser Laden lag an keiner Hauptstraße sondern in dem Straßengewirr dahinter, die Liebesgasse von der Kirche zur Schule führte vor unserer Tür her. Das hatte Auswirkungen auf unser Sortiment, insbesondere, seit auf der Südstraße, der Hauptstraße nach Ahlen raus, um die Zeit meiner Geburt herum ein Konsum aufgemacht hatte. Dieses neue Geschäft nahm meinen Eltern viel Kundschaft weg, weil es nicht nur sichtbarer lag, sondern auch eine breitere Palette an Waren anbot. Meine Eltern verlagerten sich daher immer stärker auf Nebenbereiche, so gab es bei uns z.B. Petroleum, was eher selten war. Auch wichtig waren die eingelegten Heringe, die wir fassweise angeliefert bekamen. Mein Vater schnitt sie auf, nahm sie aus und Mutter legte sie in einem großen Behälter, der direkt auf der Theke stand, mit Essig und Zwiebeln ein. Diese Heringe wurden ihnen aus der Hand gerissen. In der Saison ging die Ladentür Schlag auf Schlag, aber eben nur in der Saison. Ganz wichtig für unser Sortiment, aber wohl nicht für den Umsatz, waren die Bonbons, da wir ja am Weg von der Kirche zur Schule lagen. Jeden Morgen liefen die Schulkinder nach der obligatorischen Morgenmesse bei uns vorbei. Viele von ihnen nutzten die Gelegenheit, sprangen schnell in den Verkaufsraum und verlangten für einen Pfennig Bonbons. Wir hatten damals diese großen eckigen Hustenbonbons, die kosteten eigentlich zwei Pfennige. Aber Mutter war immer großzügig und gab sie für einen Pfennig ab. Wenn jedoch mein Großvater im Laden stand, nahm er den Bonbon und teilte ihn mit Hilfe eines Pfundsgewichts und eines Messers durch. Für den halben Preis gab es bei ihm auch nur einen halben Bonbon. Ich fand es jedenfalls sehr interessant, wenn die „großen" Schulkinder morgens den Laden mit dem Geklapper ihrer Holzschuhe und ihrem Lärm füllten. Wenn wenig später die Nachbarinnen kamen, wurde mir schnell langweilig. Deren Einkauf dauerte immer, da musste erzählt werden; der Laden war ein wichtiger Treffpunkt im Viertel.

Einige wenige Male bin ich als kleiner Junge auch mitgefahren, wenn ein Fuhrunternehmer beauftragt wurde, Mehl von der Firma Hovestadt zu holen, die die

Sudmühle nordöstlich von Münster betrieb. Zwei stabile Wagen waren es, die mit zwei oder vier Pferden bespannt in aller Herrgottsfrühe aufbrachen, morgens um fünf oder sechs Uhr ging das los. Es waren ja um die 25 Kilometer pro Weg und wenn sie wiederkamen, mussten noch alle Säcke mit der eigens dafür installierten Seilwinde ins Obergeschoss gezogen und trocken verstaut werden. Meine Eltern belieferten die Bäckereien in Sendenhorst mit Mehl, größter Abnehmer und Hauptkunde aber war das örtliche Krankenhaus. Es war wohl recht bald nach der Machtergreifung durch die Nationalsozialisten und auch nicht lange nach der Geburt meiner vier Jahre jüngeren Schwester Maria, dass die Nazis den Mehlgroßhandel untersagten.[1] Da die kleine Kolonialwarenhandlung alleine nicht genug abwarf, begann mein Vater, als Klempner in der Sendenhorster Maschinenfabrik zu arbeiten

Mit Fußballspielen habe ich begonnen, bevor ich in die Schule kam. Ich will nicht sagen, bevor ich laufen konnte, aber gleichzeitig damit. Solange ich laufen

---

[1] Das wichtigste Ziel der NS-Agrarpolitik war die Erreichung der Lebensmittelautarkie. Deutsche Bauern sollten ausreichend Nahrungsmittel für das Land produzieren. Die Unabhängigkeit von Nahrungsmittelimporten sollte nicht nur Devisen sparen, die das Regime lieber für den Einkauf von Rüstungsgütern ausgeben wollte, sondern Deutschland vor allem im Kriegsfall gegen Hunger schützen. Die Neuregelung des Marktes und die Einführung eines Festpreissystems für alle landwirtschaftlichen Erzeugnisse, in deren Rahmen Zwischenhändler wie der Sendenhorster Mehlgroßhandel Höne ausgeschaltet wurden, waren ein Teil dieser Strategie.

Neben unserem Haus (hier die Längsseite zum Drostenhof) boten sich ideale Bedingungen zum „Pölen".

kann, habe ich Fußball gespielt. Ecke Drostenhof/ Kühl, also direkt neben unserem Haus, gab es einen Bereich, der noch nicht gepflastert war, der war ideal zum „Pölen", zumal die Brennerei Rötering an dieser Fläche lag, deren großes Einfahrtstor sich als Tor geradezu anbot. Das führte dazu, dass auch die Jungen aus anderen Straßen hierhin kamen, ich brauchte nur aus der Tür zu treten, immer lief schon ein Spiel, begann gerade ein Spiel oder es schoben sich zumindest ein

Kinder aus der Nachbarschaft im Hof nebenan. An Spielkameraden hatten wir wahrlich keinen Mangel. Ich bin wohl das dritte Kind von links, das mit einem anderen die Tafel hält.

Maria ist noch zu klein zum Mitspielen. Sie schaut mit meiner Mutter aus dem Fenster des „besten Zimmers" zu.

paar Kollegen den Ball zu. Mein ganz besonderer Kumpel war Fritz Saerbeck, der nur ein paar Häuser weiter am Drostenhof wohnte und mit dem ich jede freie Minute verbrachte. Wenn ich aus der Tür trat und das Fußballspiel noch so sehr lockte, erst holte ich Fritz raus, dann machte es noch mehr Spaß.

Zu Ostern 1935 wurde ich eingeschult. Am ersten Schultag brachte Mutter mich zur Schule, obwohl diese nur ein paar hundert Meter von uns entfernt lag. Ich bekam eine Tasche mit ein paar Bonbons darin, ich meine sogar, etwas Schokolade sei dabei gewesen, und mit Süßem konnte man mich immer kriegen. Eine Frau Menting wurde uns als Lehrerin zugeteilt. In der Volksschule saßen wir nach Jahrgängen getrennt in den Klas-

Die Volksschule Sendenhorst in den dreißiger Jahren

senzimmern, in meiner Klasse waren wir etwa dreißig Mädchen und Jungen. Natürlich hatten Fritz und ich uns sofort nebeneinander liegende Plätze gesichert. Der Schultag begann mit der Schulmesse in der Kirche, wenn ich mich recht erinnere, um zehn nach sieben. Von dort liefen wir in einem großen Pulk zur Schule, die nicht weit entfernt war. Jeden Morgen im Gottesdienst zu sitzen war für uns vollkommen normal, alle waren da. Das war einfach der übliche Tagesanfang, den niemand von uns in Frage stellte. Lediglich unser evangelischer Kollege, das einzige evangelische Kind in unserer Klasse, glänzte durch Abwesenheit, der durfte ein wenig länger schlafen. Damit nahmen wir ihn schon mal hoch, aber nur zum Scherz. Ernsthaft damit aufziehen taten wir ihn nicht, denn er war ein angenommenes Kind, damit war für uns klar, dass man ihn nicht ärgern durfte. Höchstens beneidet haben wir ihn manchmal um die halbe Stunde Schlaf am Morgen...

Von der Einschulung an folgten die Tage einem ganz bestimmten Rhythmus. Morgens frühstückten wir alle einzeln, jeder für sich. Mutter und Vater waren schon lange auf, wenn ich runter kam, während Maria mit ihren zwei Jahren natürlich noch schlief. Meine Mutter hatte ein Kümpken für mich auf den Küchentisch gestellt, da brockte ich mir Knabbeln rein, übergoss sie mit Milch, streute Zucker darüber, nicht so viel wenn Mutter zusah, mehr, wenn sie von Kundschaft in den Laden gerufen wurde. Ich aß mit einem Auge auf der großen Küchenuhr, denn zu spät zur Kirche zu kommen war außerhalb des Vorstellbaren.

Brot aßen wir, von Knabbeln einmal abgesehen, selten, fast nie. Ich denke, das hatte damit zu tun, dass man Brot kaufen musste, das war offensichtlich teuer. Viel häufiger gab es daher Pfannekuchen. Lediglich zur Schule bekam ich eine Scheibe Brot mit, die aber auch oft mit einem Pfannekuchen belegt war. Mit unseren Pausenbroten betrieben wir auf dem Schulhof schwunghaften Handel, einfach mal, um etwas anderes zu essen, als es zu Hause üblich war. Wir hatten einen Bauernsohn in der Klasse, dessen selbstgebackenes Bauernbrot ich beispielsweise sehr gerne mochte, während er Gefallen an meinen Pfannekuchen fand. Wenn ich nach der Schule nach Hause kam, war das Essen schon lange fertig. Mein Vater hatte bereits gegessen und war schon wieder gegangen, da die Mittagspause in der Maschinenfabrik sehr früh, um zwölf Uhr, begann. Mutter kochte gut, viele Eintöpfe, Durcheinandergemüse, wie wir das nannten, so wie sie es von Zuhause gewohnt war und was unsere Landwirtschaft und die beiden Gärten eben hergab: Gemüse und Kartoffeln hatten wir selber angebaut und auch die Schweine schlachteten wir selbst. Oft gab es auch Pfannekuchen, Mehlpfannekuchen oder Reibeplätzchen.

Nach dem Mittagessen erledigte ich kurz und schmerzlos meine Hausaufgaben, die mir zum Glück sehr leicht fielen, so dass sie nie viel Zeit in Anspruch nahmen. Wenn es dann zu Hause keine weiteren Aufgaben für mich gab, war ich weg, draußen. Fußball, Handball, Hauptsache es fand draußen statt und man bewegte sich. Manchmal, wenn die Luft gerade rein war, konnte ich nicht widerstehen, auf dem Weg nach draußen den Glasdeckel von einem der Bonbongläser zu nehmen und ein Handvoll der verlockenden „Bombsen" rauszugreifen. Das konnte aber auch schiefgehen. Am reizvollsten waren natürlich immer die neueste Sorte und eingepackte Bonbons, die interessanter aussahen, als lose. Eines Tages kam Vater mit dem Handwagen aus unserem Garten zurück, wo er Grün geholt hatte, und winkte mich zu sich. Anklagend hielt er das Papier der neusten Milchkaramellen hoch, das ich beim Fußballspielen achtlos an den Wegrand geworfen hatte: „Bist du wieder an den Bonbons gewesen! Diese Sorte haben wir noch gar nicht verkauft!"

Sport spielte nachmittags eine wesentliche Rolle. Fußball spielte ich beispielsweise schon im Verein und ging regelmäßig zum Training. Wenn kein Training war, trafen wir uns ohne den Trainer und spielten für uns, fast täglich. Aber es gab auch ein ganz verrücktes Spiel, das wir häufig gespielt haben, das sogenannte Verkloppen-Spiel. Ich weiß nicht, ob das eine Sendenhorster Spezialität war, denn die geographischen Gegebenheiten des Ortes und die Art der Bebauung spielten durchaus eine Rolle. Inhalt war, wie der Name schon sagt, Verkloppen. Die jüngeren Mitspieler bekamen Stöcke mit denen sie die älteren, wenn sie sie erwischten, schlagen durften. Hart, das war wirklich hart, ein hartes Spiel. Die Älteren mussten versuchen, sich so durch Sendenhorst zu bewegen, dass sie den Jüngeren nicht in die Hände fielen. Es hieß, die Gassen zwischen den Häusern geschickt auszunützen, durch Gräben zu kriechen, Gartenmauern zu überklettern usw. Der alte Teil Sendenhorsts ist ja von Gräben umgeben, Süd-, Ost-, West- und Nordgraben. Dahinter waren früher Festungen gewesen, zu unserer Zeit lagen dort die jeweiligen Promenaden, die das Spielfeld begrenzten und die es ebenfalls geschickt zu nutzen galt. Vor allem aber war das Spiel eine mentale Herausforderung. Man musste sich zu jeder Zeit überlegen, wo man war, wohin man verschwinden konnte, ständig gedanklich vorbereitet sein. Denn die Jüngeren hatten den Bogen ja auch irgendwann raus und kamen z.B. von zwei Seiten in eine Gasse gelaufen, dann musste man einen Ausweg wissen und schnell reagieren können, irgendein Mäuerchen, über das man

Egal ob es eine der großen Hauptstraßen oder ein kleiner Seitenweg war, wie der Schleiten, eine Parallelstraße zum Drostenhof (unten): Einen Durchschlupf zwischen zwei Häusern, über ein Gartenmäuerchen oder durch eine Tenne, irgendetwas musste man finden...

sprang, ein schmaler Weg zwischen zwei Gärten, über eine fremde Tenne... Sonst war man dran. Daher orientierte sich die Einteilung in ältere und jüngere Spieler nicht nur am Alter, sondern auch an der Geschwindigkeit. Ich kam z.B. recht früh zu den Älteren, ich war denen zu schnell und durfte nicht mehr zu den anderen gehören, die verkloppten.

Verkloppen spielen lief den ganzen Tag. Wenn es aufs Abendessen zuging oder anfing, dunkel zu werden, wurde gerufen: „Jetzt nicht mehr! Mit Durchsagen!“ Wenn also einer den Ruf hörte, gab er ihn weiter, so dass nach einiger Zeit alle mitbekommen hatten, dass das Spiel zu Ende war.

Abendessen gab es um sieben Uhr und das war bei uns zu Hause die einzige richtige Familienmahlzeit, weil mein Vater dann auch zu Hause war, und beide Eltern legten großen Wert auf dieses gemeinsame Essen. Oft gab es den Rest vom Mittagessen, ergänzt durch Pfannkuchen. Wenn es einmal Brot gab, war das für uns ein Feiertag.

Als Schulkind verbrachte ich die großen Ferien in der Regel in Oelde-Bergeler, im Elternhaus meiner Mutter. Ich freute mich jedes Mal riesig, wenn ich „nach Oma“ durfte. Meine Eltern setzten mich in Sendenhorst in den Zug und schärften mir strengstens ein, ihn bis Oelde nicht zu verlassen. Dort wartete, zumindest in den ersten Jahren, schon mein Opa auf mich. Ferien in Oelde waren für mich einfach das Größte! Das hatte viele Gründe. Ich war das älteste Enkelkind meiner Großeltern, so dass ich entspre-

chend verwöhnt wurde. Die Landwirtschaft, die vom Bruder meiner Mutter betrieben wurde, war wesentlich größer als unsere, so dass es ein Pferd gab, mit dem ich mich beschäftigen durfte, aufsitzen, es am Zügel führen, striegeln. Das faszinierte mich. Mein Onkel hatte zwei Kinder, die etwas jünger waren als ich. Für die war ich mit meinen sechs, sieben Jahren der große Vetter aus dem großen Dorf, geradezu welterfahren. Entsprechend ehrfürchtig wurde ich von ihnen empfangen, das gefiel mir natürlich auch gut. Auf dem Nachbarhof, zweihundert Meter entfernt, wohnte ein Junge in meinem Alter, mit dem ich mich bald sehr anfreundete und viel Zeit verbrachte. In dieser Bauernschaft gab es noch kein elektrisches Licht.
Wenn ich abends ins Bett ging, drückte Oma mir eine Petroleumlampe in die Hand, die ich abdrehen musste, bevor ich einschlief. Wurde ich nachts wach, weil ich mal wohin musste, hieß es sich durchfühlen, da gab es nichts anderes, keinen Lichtschalter, auf den man einfach drücken konnte. Das fand ich hochspannend. Ich habe mich auch bemüht, auf dem Hof zu helfen, bei der Ernte oder dem Säubern des Kuhstalls. Das war sicherlich mehr Spiel als eine große Hilfe, denn ich war ja noch sehr jung, aber ich fühlte mich groß und erwachsen, wenn mir Arbeiten zugetraut und anvertraut wurden. Wenn ich wieder nach Hause fuhr, setzte Opa eine große Kiste mit Birnen in den Zug, die ich mit nach Hause bringen sollte. Das war eine ganz besondere Sorte, die meine Mutter jedes Jahr einmachte. Das Pflücken der Birnen läutete für mich jedes Jahr das Ende der Ferien ein und nur die Tatsa-

che, dass ich gerne zur Schule ging und meine Fußballkollegen vermisste, konnte mich darüber hinwegtrösten.

Im zweiten Schuljahr gingen wir zur Erstkommunion, das war eine große Feier, deren Vorbereitung in der Schule und durch den Pfarrer sehr ernst genommen wurde. Wir bekamen auch neue Anzüge, Matrosenanzüge, und zum ersten Mal in unserem Leben „richtige" Schuhe, keine Holtschen. Das war fast das Bemerkenswerteste an diesem Tag, denn Holzschuhe begleiteten uns ansonsten überall hin, sogar beim Sport. Wir hatten einen Öhm in Sendenhorst, Öhm Schlüter, zu dem gingen wir und bettelten, dass er die Schuhe

Dies ist das erste Foto von mir, an dessen Aufnahme ich mich erinnere. Es muss um die Zeit meiner Erstkommunion entstanden sein, denn ich trage den dafür angeschafften Matrosenanzug und Lederschuhe!

beschnitt. Er schnitt von dem Schuh runter, was weg konnte, denn für den Sport galt: Je dünner desto besser. Außerdem wurden die Holtschen für den Sport vorne gefüttert, so dass sie eng am Fuß saßen. Ich habe sogar mal einen Schulwettkampf in Enniger damit gewonnen, Laufen, Springen, Werfen. Alles in Holzschuhen.

Geschenke gab es zur Erstkommunion auch, aber das waren eher fromme Dinge, Gebetbücher und so etwas, die mich nicht so sehr beeindruckten. Zu meiner großen Freude gab es aber auch Süßigkeiten.

Im Anschluss an die Erstkommunion wurde man als Junge eigentlich Messdiener. Zum einen war das so üblich, zum anderen gab es zumindest in Sendenhorst den besonderen Anreiz, dass Messdiener zu Nikolaus oder Weihnachten eine große Tüte mit Süßigkeiten bekamen. Das lockte schon sehr. Wir wussten aber auch, dass der Pfarrer der Sendenhorster Kirche vor unserem Schulgottesdienst im Josefsstift Messe hielt, und zwar um sechs Uhr morgens. Als Messdiener musste man da entsprechend früh raus. Fritz und ich wogen das tagelang gegeneinander ab. „Mensch, so früh raus…“ – „Ja, aber sonst bekommen wir nicht die Tüte!“ Den Ausschlag gab schließlich der Fußball. Denn es begann so langsam, dass wir mit unserer Jungenmannschaft ab und zu sonntags nachmittags ein Spiel hatten, genau dann, wenn auch die Christenlehre stattfand. Zur Christenlehre gingen wir eigentlich geschlossen hin, die Eltern achteten darauf, das war ebenso wie der Gottesdienst am Morgen praktisch eine Pflichtveranstaltung. Wenn wir aber ein Auswärtsspiel

Mein Vater Aloys Höne mit Maria und mir, um 1936

hatten, mussten wir schon direkt nach dem Mittagessen, dem guten Sonntagsessen, mit den Fahrrädern losfahren, so dass wir die Christenlehre verpassten. Das war ohnehin schon schwer durchzusetzen, Lehrer und Trainer mussten beim Pfarrer und bei den Eltern ein gutes Wort für uns einlegen. Für Messdiener aber war es nahezu ausgeschlossen, nicht zur Christenlehre zu kommen. So fiel die Entscheidung für Fußball und gegen die Messdiener, obwohl wir der Tüte immer ein wenig nachtrauerten.

Zum Glück war ich nicht der einzige Fußballverrückte in der Familie. Mein Vater ging bald zu jedem meiner Spiele mit, er verpasste keine Partie, egal ob zu Hause oder auswärts. Er stand immer am Platz, oft mit seinem Freund Bernhard Reher und verfolgte das Spiel mit Argusaugen. Selber gespielt hat er nie, aber interessiert hat es ihn immer. Er ging mit, lebte mit dem Spiel und konnte kaum still halten. Wo er gestanden hatte, war die Erde hinterher richtig aufgewühlt. Das verband uns beiden natürlich sehr. Meine Mutter war hingegen nie dabei. Sie interessierte sich einfach nicht für Fußball, akzeptierte aber, dass wir dem Sport so viel Zeit und Energie widmeten.

Mit zunehmendem Alter musste ich natürlich auch mehr zu Hause helfen. Dabei hatte ich nicht so viele fest zugeteilte Aufgaben. Es gab einfach eine Menge Arbeit, die erledigt werden musste, und wer gerade in der Nähe war, Zeit hatte oder sich anbot, war „dran". Es warteten keine täglichen Pflichten. Stattdessen war

Mit zunehmendem Alter mussten alle Kinder zu Hause mit anpacken, das war ganz normal. Auf diesem Foto, vermutlich aus der dritten Klasse, stehe ich links von Lehrer Obermeier. Das ist kein Zufall, ich hatte immer so eine gewisse Tendenz zum Lehrer hin. Mein Freund Fritz Saerbeck trägt einen Matrosenanzug.

die Bereitschaft gefordert, immer mit anzupacken, wenn Arbeit anfiel. Es gab zwar die Grundeinteilung, dass Mutter den Laden „schmiss“ und Vater neben seiner Tätigkeit in der Fabrik, die Gärten bestellte, aber jeder fasste auch beim anderen mit an und ich wurde ohnehin dort eingesetzt, wo es gerade nötig war. Das war natürlich besonders oft in der Landwirtschaft der Fall.

Von unserer Küche aus betrat man die Tenne, einen hohen, zugigen und kalten Raum, in dem Gartengeräte und unser Leiterwagen standen. An der rechten Seite waren zwei Verschläge, in denen unsere Schweine untergebracht waren. Geradeaus waren die Mieten für Kartoffeln, Schweinkartoffeln, Saatkartoffeln und Speisekartoffeln. Dort führte auch eine steile Treppe auf den „Balken", also den Dachboden, auf dem Stroh für Schweinefutter und Einstreu gelagert wurde. Von hier oben konnte man es durch eine Luke runterwerfen. Auf der Tenne waren auch die Verschläge für Kohlen und Brennholz, das „fertig", also in kurzen Stücken, angeliefert wurde, die aber noch gespaltet und aufgestapelt werden mussten. Von hier aus erreichten wir, vorbei an denVerschlägen der Schweine, auch unser Plumpsklo, das sich die Mistkuhle mit ihnen teilte.

Wir hatten ständig acht Schweine. Zwei schlachteten wir im Laufe des Jahres für uns, sechs wurden verkauft. Unsere beiden Schweine standen in einem extra Verschlag und bekamen besonderes Futter, weil mein Vater sicher war, dass ihr Fleisch auf diese Weise besser schmeckte. Das Herrichten des Schweinefutters fiel mir häufig zu. Kartoffelschalen und Speisereste wurden für in einem speziellen Topf, dem Schweinepott, auf der Tenne gekocht und durchgedreht. Nahm man den Topf aus seiner Aufhängung, konnte man einen zweiten einhängen, in dem wir das Wasser für unsere samstägliche Badeaktion erhitzten. Damit es nicht so weit getragen werden musste, badeten wir trotz der Kälte in einer Ecke der Tenne.

Auf der Tenne wurde auch geschlachtet. Das mochten mein Vater und ich gar nicht. Unser Hausschlächter traf das Schwein manchmal nicht richtig, dann quiekte es zum Steinerweichen, ein Laut, der einem durch Mark und Bein ging. Dennoch mussten wir das Tier festhalten, einer die Vorderbeine, einer die Hinterbeine. Wenn das Schwein endlich tödlich getroffen war, stach der Schlächter es in den Hals, damit das Blut abfloss. Meine Mutter fing es mit Waschtöpfen auf, weil daraus ja später Blutwurst gemacht wurde. Auch das mochte ich überhaupt nicht, das schüttelte mich richtig. Komischerweise wirkte sich mein Widerwillen gegen das Schlachten nicht auf meinen Appetit aus, gegessen habe ich alles hinterher sehr gerne, das war eigenartig. Wenn das Schwein endlich ausgenommen war und zum Auskühlen an einer Leiter hing, war ich erleichtert. Am nächsten Morgen kam der Schlachter wieder und zerteilte es. Auf der Warenkammer hatten wir ein Pökelfass stehen, in dem meine Mutter Schinken, Rippen und alle Fleischteile einpökelte, die nicht sofort verwurstet wurden. Wurste- und Leberbrot, Blutwurst und Mettwurst machte sie selber. Meine Aufgabe war es, die Kurbel der Wurstmaschine zu drehen, mit deren Hilfe die verschiedenen Massen in die Därme gefüllt wurden.

Wir hatten eineinhalb Morgen Land, auf denen wir je zur Hälfte Getreide und Kartoffeln anbauten. Die grobe Feldarbeit, wie z.B. Pflügen, erledigte ein Nachbar, Landwirt Karmann, für uns, da wir kein Pferd besaßen. Aber bei der Ernte musste ich natürlich helfen. Mein Vater bestellte drei Frauen. Unser Nachbar fuhr mit dem Pflug über den Acker, so dass die Pflugschar eine Reihe Kartoffeln auswarf. Diese lasen die Helferinnen auf. Meine Aufgabe war es, die Kartoffeln zu sammeln, die in der Rille liegengeblieben waren, denn die wurden sonst wieder zugeschüttet, wenn der Nachbar wendete und die nächste Reihe Kartoffeln ausmachte. Mein Vater schüttete die Kartoffeln aus den Körben, in denen wir sie sammelten, in Säcke, die Karmann abends mit dem Pferdewagen zu uns brachte. Auf der Tenne sortierten wir die besonders kleinen als Schweinekartoffeln aus und lagerten alle in verschiedenen Mieten. Das Getreide ernteten wir ebenfalls mit Hilfe des Landwirts. Er stellte uns morgens einen Wagen ans Feld, schirrte das Pferd aus und nahm es wieder mit, da er nur eines hatte und es anderswo zum Arbeiten brauchte. Wir schnitten das Getreide mit der Sense, banden es in Garben und luden diese auf das bereitgestellte Gefährt. Wenn wir fertig waren, kam er mit dem Pferd wieder und brachte den Wagen zum Platz gegenüber der Molkerei, wo während der Erntezeit eine fahrbare Dreschmaschine aufgestellt war, vor der schon eine ganze Reihe Wagen Schlange stand. Wiederum schirrte er das Pferd aus, was bedeutete, dass wir das schwere Gefährt von Hand weiterschieben mussten. Aber da half man sich gegenseitig, anderen ging es ähnlich. Wenn wir endlich an der Reihe waren, musste ich beim Abladen der Garben helfen und nahm anschließend gemeinsam mit meinem Vater die Säcke mit gedroschenem Korn und die Strohballen entgegen. Hatten wir alles sicher auf dem Wagen verstaut, lief ich zu Landwirt Karmann und sagte Bescheid. Er und sein Pferd kamen und zogen unseren Wagen nach Hause. In unserem Dach gab es ein Stück, bei dem man die Dachpfannen abnehmen und die Dachlatten beiseite schieben konnte,

das war extra so vorgesehen. Durch diese Lücke wurde das Stroh auf den Dachboden befördert.
Im Süden Sendenhorsts hatten meine Eltern zwei Gartengrundstücke, auf denen wir alles anbauten, was wir für die Küche brauchten: Spinat, Zwiebeln, Bohnen, dicke Bohnen, Möhren, Erbsen, alle gängigen Gemüsesorten und jede Menge Beeren. Das war einerseits ein wichtiger Beitrag zu unserem Lebensunterhalt aber auch eine Leidenschaft meines Vaters, das machte er einfach gerne. Dadurch hatten wir einen sehr hohen Grad an Selbstversorgung, wir mussten fast nichts mehr zukaufen. Natürlich half ich auch mal im Garten.
In unangenehmer Erinnerung habe ich das Drehen der Waschmaschine. Das war die schlimmste Aufgabe, die mir zufallen konnte, viel schlimmer als das einmal im Jahr erforderliche Leeren unserer Mistkuhle und das Verteilen der Jauche auf dem Acker. Eine Viertelstunde lang musste die Trommel gedreht werden. Das wurde mir oft zuwider, weil ich den Geruch der Seifenlauge so unangenehm fand. Erst drehte ich in die eine, nach einer Weile in die entgegengesetzte Richtung. Das war eine der wenigen Tätigkeiten, bei denen ich murrte und erreichen wollte, dass diese Aufgabe meiner Schwester übertragen wurde. Schließlich war Wäschewaschen Frauensache! Aber da hatte ich keine Chance, weil Maria zu der körperlichen Anstrengung, die das erforderte, mit ihren fünf, sechs, sieben Jahren noch gar nicht in der Lage war.
Wenn Mutter gerade nicht da war und Kundschaft kam, bediente ich auch im Laden. Das Drehen der

Tüten und Abfüllen der Waren hatte ich mir mit der Zeit abgeschaut und auch wenn es mir sicher nicht so schnell von der Hand ging, wie meiner Mutter, störte das niemanden. Wir kannten ja alle unsere Kunden.

Eine Arbeit ist mir sehr in Erinnerung geblieben. Als ich etwa zehn Jahre alt war, wurden erstmals Wasserleitungen in die Sendenhorster Häuser verlegt, bis dahin hatten alle, auch wir, nur Wasserpumpen, wobei sich unsere immerhin schon in der Küche und nicht mehr im Freien befand. In Vorbereitung auf das Verlegen der Leitungen mussten alle Haushalte auf einer bestimmten Länge schmale Gräben ausheben. Da Vater wenig Zeit hatte und die schmalen Gräben auch keine Schwerstarbeit darstellten, fiel diese Aufgabe mir zu.

„…und triumphierte innerlich ein bisschen mit."
NS-Zeit und Krieg machen sich zunehmend bemerkbar, 1939-1943

1939, nachdem ich zehn Jahre alt geworden war, wurde ich ins Jungvolk aufgenommen. Die Mitgliedschaft war damals schon verpflichtend, ich wäre aber auf jeden Fall hingegangen, weil sich bei den „Dienstnachmittagen" meist alles um Sport drehte. Unser Jungvolkführer war sehr nett, nicht viel älter als wir, und besuchte die Rektoratsschule. Führer waren eigentlich immer Jungen, die auf der Höheren Schule waren. Meist trafen wir uns in Sportsachen direkt auf dem Sportplatz oder in der Turnhalle. Oft machten wir auch Geländespiele in einem Wald in der Nähe von Sendenhorst. Das kam mir alles sehr entgegen, der Sport, auch der Wettkampf dabei. Die Uniform trugen wir nur, wenn wir uns zu einem offiziellen Anlass trafen, am Volkstrauertag beispielsweise, wenn man zum Kriegerdenkmal marschierte, oder am 1. Mai.

Zu Beginn des fünften Schuljahres zogen unsere Klasse und der siebte Jahrgang der Volksschule, die aus allen Nähten platzte, in das Gebäude der Rektoratsschule ein. Die Höhere Schule war aufgelöst worden, deren Schüler mussten jetzt nach Warendorf oder Münster fahren. Zur Rektoratsschule war es morgens nach der Schulmesse ein bisschen weiter zu laufen, aber das machte mir nichts aus, ganz im Gegenteil fand ich es schön, mit den Freunden und Kollegen unterwegs zu

Rektoratsschule zwischen Sportplatz und Krankenhaus - endlich genug Platz, um (nicht nur) in den Pausen Fußball zu spielen.

sein. Wir liefen die „Gräben“ entlang, die sich wie ein Kreis um die Stadt ziehen, das war ein munteres Geklapper, wenn wir zwei Jahrgänge, siebzig achtzig Kinder mit unseren Holzschuhen dort lang eilten.
Dieser Umzug wirkte sich, insbesondere in Kombination mit dem Klassenlehrer, den wir zum neuen Schuljahr bekamen, sehr positiv aus. Lehrer Obermeier war unser neuer Lehrer, ein alt eingesessener, sehr beliebter und angesehener Sendenhorster, woran auch die Tatsache, dass er ein überzeugter Nazi war und später Ortsgruppenleiter wurde, nichts änderte. Unser Jungvolkführer war sein Sohn. Das Gebäude der ehemaligen Rektoratsschule lag direkt gegenüber dem Krankenhaus am Sportplatz und Lehrer Obermeier war sportbegeistert! So kam es, dass wir endlich einmal in der Pause Fußball spielen konnten, wozu wir auf dem Hof der Volksschule nie ausreichend Platz gehabt hatten. In der Regel spielte unser Jahrgang gegen die siebte Klasse. Und da die Lehrer selber großen Spaß daran hatten, ließen sie uns oft länger spielen, eine halbe Stunde oder wenn das Spiel interessant war sogar ein Dreiviertelstunde. Immer mussten wir gegen die zwei Jahre älteren Kollegen antreten, ich glaube, das hat wesentlich dazu beigetragen, dass wir gute Fußballer wurden; acht von uns spielten später in der ersten Sendenhorster Mannschaft. So kam es, dass der Sport die Schule viel mehr prägte, als der Nationalsozialismus, obwohl Lehrer Obermeier davon überzeugt war. Er unterrichtete uns in Mathematik und Deutsch, Heimatkunde und Naturkunde. Großen Wert legte er auch auf Musik, wir sangen häufig.

Hotel Ridder um 1925

An den Kriegsbeginn kann ich mich nicht mehr erinnern, wohl aber an die Bilder der marschierenden Soldaten, des Einmarsches in Polen, die in allen Wochenschauen immer und immer wieder gezeigt wurden. Das fand ich hochspannend und konnte gar nicht genug davon bekommen. Ganz in unserer Nähe lag das Hotel Ridder, dessen großer Saal 1938 zu einem Kino umgebaut worden war. Dort schaute ich von nun an häufiger vorbei, ich konnte nämlich von hinten rein, weil ich den Filmvorführer kannte. Da es so nah lag, sprang ich regelmäßig die paar Stufen hoch zum Vorführraum, begutachtete, was so lief, und wenn es begann, mich zu langweilen, ging ich wieder. Die Filme waren meist vollkommen uninteressant, Liebesschnulzen oder Operetten, aber die Wochenschauen fand ich klasse und war stolz, wenn die Deutschen wieder irgendwo gesiegt hatten, hörte die triumphierende Marschmusik und triumphierte innerlich ein bisschen mit. Mein Großvater war 1936 gestorben. Ich weiß nicht, ob er im Ersten Weltkrieg Soldat war, wenn ja, hat er mir nie etwas davon erzählt. So waren Soldaten für mich reine Helden. Die Tragweite des Kriegsbeginns begriff ich überhaupt nicht. Dabei prägte er recht bald alles. Rings um uns wurden viele Männer eingezogen, auch mein Vater musste zur Musterung, wurde aber uk[2] gestellt, da er in seiner Fabrik mittlerweile Leiter der Klempnerabteilung war und dort gebraucht wurde, und kam nur auf eine Reserveliste. Viele Gespräche zu Hause drehten sich um den Krieg, meine Eltern waren alles andere als begeistert, für die war Krieg etwas ganz Schlimmes.

Für meine Mutter kam die Belastung durch Bezugsscheine hinzu, die genau nachgehalten, aufgeklebt und abgerechnet werden mussten. Nur für die Menge verkaufter Waren, für die sie Bezugsscheine nachweisen konnte, erhielt sie Berechtigungsscheine für neue Waren. Ihre Unterlagen wurden geprüft und dann vom Amt freigegeben. Das war eine unendliche Sisyphusarbeit, diese kleinen Dinger aufzukleben, ständig von Neuem. Und es war nicht nur die damit verbundene Arbeit. Meine Mutter war auch viel zu großzügig und konnte ihren Stammkundinnen schlecht abschlagen, wenn diese nach etwas mehr fragten. So konnte sie nicht genug Bezugsscheine nachweisen und die Warenmenge, die ihr noch zustand, schrumpfte dementsprechend. Das konnte so nicht weitergehen, da musste etwas geschehen. Auch darüber unterhielten sich mei-

[2] Abkürzung der Wehrmacht für unabkömmlich

ne Eltern häufig, das bereitete ihnen großen Kummer. Mit Hilfe von Mutters jüngerer Schwester Elly haben wir einige Male bewusst Rechenfehler in die Abrechnung eingebaut, zu unserem Vorteil, so dass der Warenbestand nach und nach wieder wuchs. Man konnte die Bezugsscheine auch geschickt aufkleben, so dass sie nach mehr aussahen. Diese Fertigkeiten entwickelten sich aus der Notwendigkeit heraus, viele mogelten sich so einen kleinen Vorteil heraus. Wenn wir beispielsweise schlachteten, auch dazu brauchten wir im Krieg ja eine Genehmigung, gaben wir das dünnste Schwein an und schlachteten das dickste. Das machten alle so. Vom Krieg selber, also Kampfhandlungen, bekamen wir erstmal gar nichts mit. Es passierte vielleicht zwei oder dreimal, dass wir nachts wegen Fliegeralarm raus mussten. Da wir keinen richtigen Keller hatten und es einen Bunker in Sendenhorst nicht gab, liefen wir nach nebenan, zur Brennerei Rötering. Viele Stunden haben wir da aber nicht zugebracht. Ich saß sowieso nicht im Keller, ich stand in der Tür und wollte sehen, was draußen passierte.

Nach zwei Jahren Unterricht in der Rektoratsschule mussten wir wieder in die Volksschule zurückziehen - leider. Kein Fußballspiel mehr in der Pause, es war verboten, weil einfach zu wenig Platz da war. Trotzdem suchten wir uns manchmal ein Eckchen und schoben einen Ball hin und her aber es war einfach nicht dasselbe. Was machten wir dann in der Pause? Zusammenstehen, dummes Zeug erzählen, „rauchen". Keine echten Zigaretten, natürlich, sondern getrocknete Pflanzenstängel, ähnlich wie Brombeerranken, die hohl wurden, wenn man sie trocknete. Die Bauernjungs brachten sie mit und es war eine Mutprobe, ob man sich traute, sie an einem Ende anzuzünden, wodurch sie mächtig anfingen zu qualmen, und zu „rauchen“.

Ich trauerte dem Sportplatz und dem Fußball in den Pausen hinterher. Was mir aber erhalten blieb, war das ausgesprochene Wohlwollen unseres Lehrers, der mich unterstützte und förderte, wie es in seinen Kräften stand. Das begann mit einfachen Aufgaben. In den letzten beiden Schuljahren mussten an alle Schüler Vitamintabletten ausgegeben werden[3] , die durfte ich verteilen. Als nächstes übertrug Lehrer Obermeier mir die Verantwortung für die Pausenglocke, also die Handglocke, mit der alle Pausen eingeläutet und beendet wurden. Ich musste zu Beginn der Pausen mit der Glocke durch das ganze Gebäude marschieren und wenn die Pause vorbei war, auf beiden Seiten des Gebäudes läuten. Das war ja schon was, da fühlte ich mich schon wichtig. Nichts ist in der Schule doch von größerer Bedeutung, als die Pausen, zumindest aus Sicht der Schüler. Von nun an saß ich auch ganz vorne, damit ich zum Einläuten der Pausen nicht das ganze Klassenzimmer durchqueren musste und alle störte.

[3] Die Ausgabe von Vitamintabletten durch die Nazis erfolgte zur „Stärkung des Volkskörpers von innen“. In sogenannten „Vitamin Aktionen“ wurden Kinder, werdende Mütter, Schwerstarbeiter und Soldaten mit Vitamintabletten, insbesondere mit Vitamin C versorgt.

Ein Foto aus einem unserer letzten Volksschuljahrgänge, zurück im alten Gebäude. Die Pulte werden langsam aber sicher zu eng für uns.

Bis dahin hatte ich immer neben Fritz gesessen, aber nach ganz vorne, direkt unter Aufsicht des Lehrers, nein, da wollte er nicht mit hin. Schließlich schickte mich Lehrer Obermeier sogar in die unteren Klassen, wenn ein fehlender Lehrer zu ersetzen war. Immer häufiger sagte er zu mir, es sei doch schade, dass ich nicht zur Höheren Schule ginge und studieren könnte. Aber das stand bei uns zu Hause gar nicht zur Debatte. Höhere Schulen kosteten nicht nur Schulgeld, ich war ja auch der älteste und einzige Sohn, also gingen meine Eltern selbstverständlich davon aus, dass ich den Laden und die Landwirtschaft übernahm. Lehrer Obermeier ließ aber nicht locker. Er suchte meine Eltern zu Hause auf und versuchte, sie davon zu überzeugen, mich weiter zur Schule gehen zu lassen. Ich habe seinen Satz noch in den Ohren, den er wie eine Beschwörung wiederholte: „Der Junge muss studieren!" Er hat meine Eltern regelrecht gedrängt, aber es war nun einmal nicht genug Geld da. Aus unserer ganzen Klasse hatte nach dem vierten Jahrgang lediglich ein Mädchen auf die Höhere Schule gewechselt. Das hatte weniger mit ihren Leistungen zu tun als damit, dass sie die einzige war, deren Eltern das Schulgeld für die Höhere Schule aufbringen konnten.

So war das in Sendenhorst: Einige trugen bessere Kleidung, deren Eltern trafen sich nach dem Sonntagsgottesdienst in anderen Kneipen als unsere Eltern und sie wohnten in Häusern die viel schicker waren, als unsere. Wenn wir im Herbst im Auftrag einer dieser „besseren Familien" Kartoffeln gesucht hatten, einen ganzen Tag lang, und durften uns am darauffolgenden Sonntag den Lohn von einer Mark fünfzig abholen, waren wir ganz stolz, eine solche „Villa" betreten zu dürfen. Sendenhorst hatte damals achtzehn Schnapsbrennereien und deren Inhaber waren in aller Regel wohlhabende Familien. All das hatte aber auf die Beziehung von uns Kindern und unseren Umgang untereinander keine Auswirkungen. Nach dem Sportunterricht wuschen sich alle an der kalten Pumpe am Spielfeldrand, ob der eine jetzt mehr oder weniger Geld zu Hause hatte. Wir gehörten nicht zu den richtig Armen, den kleinen Köttern, da ging es uns schon deutlich besser, aber genug Geld für eine Oberschule war eben doch nicht da. „Der Junge muss studieren!", wiederholte Herr Obermeier trotzdem mit großer Beharrlichkeit und packte eine neue Idee aus: Ich sollte zu einer Adolf-Hitler-Schule gehen, Abteilung Lehrerbildung. Eine Lehrerbildungsanstalt[4]. Für diese Schulen würden die Kinder als zukünftige Lehrer ganz besonders ausgewählt; Schulgeld musste nicht bezahlt werden. Das war für meine Eltern ein doppelter Schock: Dass ich von zu Hause fort sollte und dann auch noch auf eine Heidenschule! Auf eine Heidenschule! Dagegen sahen sie sich an, das war ihnen alles andere als recht. Aber Lehrer Obermeier ließ nicht locker. Und da er so angesehen war, einen guten Ruf genoss und meine Eltern meinem Vorankommen auch nicht im Weg stehen wollten, stimmten sie zu, dass ich an der Aufnahmeprüfung teilnahm. Das freute mich umso mehr, als auch Fritz Saerbeck mit von der Partie war. Wir beide galten als die Überflieger in der Klasse und er war ähnlich wie ich von unserem Lehrer gefördert worden.

Die Aufnahmeprüfung für die Lehrerbildungsanstalt fand in Form eines sogenannten Musterungslagers Ende Juli, Anfang August 1942 statt, also in den Sommerferien unseres achten Schuljahres. Für zehn Tage wurde ich gemeinsam mit vielen anderen Dreizehn-

---

[4] Es gab in der NS-Zeit drei Arten von Schulen, die eine besondere Art der Elitenförderung betrieben und ihre Schüler entsprechend auswählten. Das waren die Nationalpolitischen Erziehungsanstalten, Napola genannt, die Adolf-Hitler-Schulen und die Lehrerbildungsanstalten (LBA). Im Volksmund wurden diese drei Typen nationalsozialistischer Ausleseschulen nicht immer so genau unterschieden, sondern häufig pauschal Adolf-Hitler-Schulen genannt, so auch vom Sendenhorster Ortsgruppenführer.

jährigen in die HJ-Gebietsführerschule Langemarck aufgenommen, die in einem enteigneten schlossähnlichen Gebäude[5] in Haldem am Dümmer See untergebracht war.[6] Leider war Fritz in einem anderen Durchlauf des Auswahlverfahrens, so dass wir das nicht zu zweit meistern konnten. Mein Vater brachte mich mit dem Zug nach Haldem. Um dorthin zu kommen, musste man in Lemförde aussteigen und dann noch einige Kilometer laufen. Einen Teil der Strecke kam Vater noch mit mir mit, dann drehte er und lief zum Bahnhof zurück. Ich hatte vorher Bedenken gehabt, alleine nach Haldem gehen zu müssen, aber als der Moment der Trennung da war, hatte ich den Eindruck, dass es meinem Vater schwerer fiel, als mir, deutlich schwerer. Ich traf ja bald auf die anderen Jungen und hatte Ablenkung und Abwechslung, während mein Vater alleine nach Lemförde zurücklief und überhaupt mit der ganzen Aktion nicht wirklich einverstanden war.

In der Gebietsführerschule angekommen zeigte ich einen Brief vor, der die Einladung zum Musterungslager enthielt, und bekam einen Schlafraum zugewiesen, den ich mir mit fünf oder sechs Jungen teilte.

---

[5] Es handelte sich um das ehemalige Rittergut Haldem am See.

[6] Es war kein Zufall, dass das Auswahlverfahren in einer HJ-Einrichtung stattfand. Die NS-Jugendorganisation organisierte die Auslese aller zukünftigen Eliteschüler und hatte darüber hinaus großen Einfluss bei Aufbau, Struktur und Inhalt der sogenannten Eliteschulen.

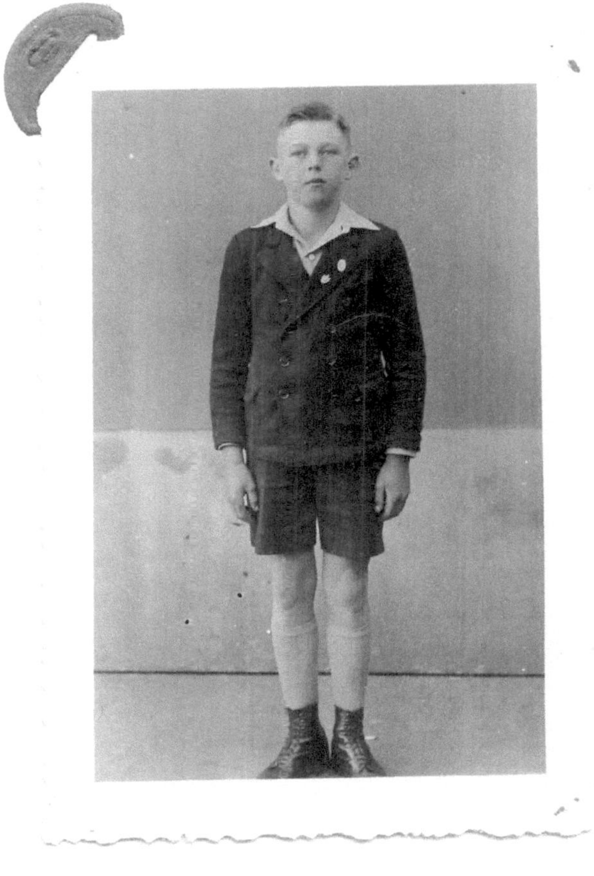

Gegen Ende meiner Volksschulzeit,
etwa dreizehn Jahre alt.

Das ehemalige Rittergut Haldem hatten die Nazis in den dreißiger Jahren gekauft und nach ihren ästhetischen Vorstellungen zu einer Schulungsstätte umgebaut. Hierfür wurden ausschließlich Materialien aus Deutschland verwendet, deren Wuchtigkeit Kraft und Stärke ausstrahlen sollte,wie z.B. im unten abgebildeten „weltanschaulichen Lehrsaal".

Alles war sehr militärisch aufgezogen. Wir trugen selbstverständlich unsere HJ-Uniformen, morgens war Antreten, Frühsport, die ganze Organisation und Ansprache war sehr militärisch-zackig. Es hieß, die Aufnahmeprüfungen seien für Napolas, Adolf-Hitler-Schulen und Lehrerbildungsanstalten (LBA) identisch, aber in unserem Auswahllager waren nur zukünftige LBA-Anwärter. Obwohl wir in diesen zehn Tagen auch Schulunterricht hatten, bestand die Prüfung doch neben dem Nachweis schulischer Leistungsfähigkeit vor allem aus Sport und Mutproben verschiedenster Art. Das war ein Schlüsselpunkt, wer diese Mutproben nicht bestand, konnte direkt wieder nach Hause fahren und blieb nicht mal bis zum Ende der zehntägigen Prüfungsphase.

In einer der ersten Nächte wurden wir geweckt: „Achtung! Aufstehen! Antreten in ordnungsgemäßer Kleidung!" Zu dieser „ordnungsgemäßen" Kleidung gehörten selbstverständlich feste Schuhe, die aber nicht wie die restliche Uniform im Schlafraum untergebracht waren, sondern in Schuhfächern im Keller standen. Wir wurden angetrieben: „Schneller, schneller, antreten!" Es wurde ein gewisser Druck erzeugt, der für sich genommen noch nicht schlimm war, aber das Licht im gesamten Gebäude war aus und blieb aus. Zwischen uns im dunklen Schloss umherirrenden Schüler liefen Lehrer und HJ-Führer und drängten: „Anziehen, anziehen, schneller!" Alles lief in den dunklen, uns noch unbekannten Räumen durcheinander, dazu das permanente Drängen, da entstand Panik. Aber jeder, der seine Panik nach außen zeigte oder

Gruppenfoto zu Beginn des Musterungslagers Juli 1942. Ich stehe wohl vor dem linken Fenster.

gar anfing zu weinen, wurde notiert, der war sofort raus. Nachdem wir endlich alle unsere Schuhe gefunden und angezogen und uns vor dem Schloss formiert hatten, marschierten wir in der dunklen Nacht irgendwohin in der uns ebenfalls unbekannten Gegend. Die Gruppe wurde ständig geteilt, abgespaltene Kleingruppen marschierten in andere Richtungen davon, irgendwann waren wir noch schätzungsweise acht Jungen mit einem Anführer, der uns anhalten ließ und uns mitteilte: „So, und nun seht zu, wie ihr nach Hause kommt. Zur Schule zurück.“ - „Wo ist die denn?“, fragte einer von uns automatisch und berechtigter Weise, denn wir hatten uns so oft gedreht und gewendet, waren kreuz und quer und im Kreis gelaufen, dass wir jede Orientierung verloren hatten, wenn wir sie im Dunklen je gehabt hatten. Wir waren wirklich mitten im Nirgendwo. Die Antwort lautete: „Ihr müsst selber sehen, dass ihr sie wiederfindet. Und zwar jeder für sich, alleine. Wer mit einem zweiten angetroffen wird, kann sofort nach Hause fahren.“ Damit verschwand unser Begleiter in der finsteren Nacht. Mann, hatte ich Angst, nachts, im Dunklen. Jedes Knacken, jedes Rascheln jagte mir Angst ein. Es kostete mich unheimlich viel Überwindung, alleine loszugehen. Die Versuchung, sich zumindest mit einem der anderen Jungen zusammen zu tun war riesig, alleine war es doch zu unheimlich. Aber unser Anführer hatte so deutlich gewarnt, dass man dann raus war und das wollte ich natürlich auch nicht. Also habe ich die Zähne zusammengebissen und bin einfach losgelaufen, ohne die geringste Ahnung zu haben, ob die Richtung auch nur annähernd stimmte. Ich hoffte, dass ich irgendwann auf eine Straße stoßen würde, denn an einer Straße ist ja was los, da kommt vielleicht mal jemand vorbei und irgendwo an einer Straße stehen auch Häuser. Das hat auch geklappt, ich bin nach einiger Zeit, von der ich heute nicht mehr sagen könnte, ob es eine halbe Stunde oder zwei Stunden waren, über eine Straße gestolpert, auf die ich eingebogen bin, in der Hoffnung irgendwann auf Häuser zu stoßen. Und so war es auch. Nach einiger Zeit, es begann, ganz langsam heller zu werden, die Umgebung war nicht mehr rabenschwarz, eher dunkelgrau, erreichte ich einen Bauernkotten. Da habe ich einfach geklopft und nach dem Weg gefragt.

Der Reichsminister
Wissenschaft, Erziehung
und Volksbildung

Berlin W 8., den 4. September 1942
- Postfach -

E VI a 4105, E II

1029.

[illegible] Arnsberg -8. SEP. 1942

Betrifft: Musterungslager.

- - - -

Die Prüfung der Berichte über die Musterungslager und Anfragen der Schulbehörden zu meinem RdErl. vom 9. September 1941 - E VI a 2857, L, E II a (a) - veranlassen mich, auf die Beachtung folgender Richtlinien bei der Auslese der Jungen und Mädel für die Lehrerbildungsanstalten besonders hinzuweisen.

Das Musterungslager darf nicht eine Art Abschlußprüfung sein, sondern soll feststellen, ob die Jungen und Mädel nach ihren körperlichen, charakterlichen und geistigen Fähigkeiten und Begabungen zur Aufnahme in die Lehrerbildungsanstalten geeignet sind.

Wer in der Leibeserziehung ungenügende Leistungen aufweist, keine Anlagen zeigt, diese zu verbessern und insbesondere Einsatzwillen vermissen läßt, kann nicht zur Ausbildung als Volksschullehrer zugelassen werden. Von der Durchführung des 1000m-Laufes als Pflichtübung der Jungen und anderer Übungen, die eine besondere längere Vorbereitung erfordern, ist Abstand zu nehmen.

Die Haltung der Jungen und Mädel im Gemeinschaftsleben des Lagers und ihre charakterliche Bewährung sind besonders sorgfältig zu beobachten und zu bewerten.

Die Prüfung der geistigen Fähigkeiten darf sich keinesfalls etwa auf die Feststellung beschränken, ob der beim Abschluß der Volks-, Haupt- oder Mittelschule vorauszusetzende Wissensstoff beherrscht wird. Der natürliche Unterschie zwischen Stadt- und Landkindern und die z.Z. durch die Verhältnisse bedingte Ungleichheit in der schulischen Ausbildung verlangen die Stellung solcher Aufgaben, bei deren Lösung ein klares Bild von der Denk- und Urteilsfähigkeit der Jungen und Mädel gewonnen werden kann. Die Menge des nur gedächtnismäßig bereiten abfragbaren Wissensstoffes kann nicht als Maßstab für die Beurteilung gelten.

Wer in Musik- und Kunsterziehung ungenügende Leistungen aufweist und keine Anlagen erkennen läßt, diese zu verbessern, ist, wenn gute Leistungen in anderen Fächern vorhanden sind, nur probeweise aufzunehmen. Wer unter den gleichen Voraussetzungen in anderen Fächern nur ausreichende Leistungen zeigt, ist nicht geeignet zur Aufnahme in eine Lehrerbildungsanstalt.

Wegen der amtsärztlichen Untersuchung verweise ich auf meinen RdErl. vom 9. Juni 1942 - E VI a 3365, E II b - und ersuche zu berichten, welche Erfahrungen mit den vor Beginn des Musterungslagers vorgenommenen Untersuchungen gemacht wurden.

Die Jungen und Mädel haben zum Musterungslager keine Lebensmittelkarten, sondern eine Reiseabmeldung mitzubringen. Die vollständigen zur Meldung abgegebenen Unterlagen der Jungen und Mädel sind 8 Tage vor Beginn des Musterungslagers dem Lagerleiter zuzustellen.

Tageseinteilung und Dienstplan des Musterungslagers sind gemeinsam von dem (der) mit den schulfachlichen Angelegenheiten beauftragten Direktor (-in) einer Lehrerbildungsanstalt und dem Lagerleiter zu bestimmen.

Ich ersuche die Oberpräsidenten in Preußen und die Reichsstatthalter in den Reichsgauen Danzig-Westpreußen und Wartheland, bei Meldung der Gesamtzahl der für die Aufnahme in Lehrerbildungsanstalten vorgesehenen Jungen und Mädel nach Formblatt 4 meines RdErl. vom 9. September 1941 - E VI a 2857, L, E II a (a) - getrennt nach Ausbildungsjahren anzugeben, wieviel Jungen und Mädel aus Orten stammen, in denen bereits eine Lehrerbildungsanstalt besteht oder im Frühjahr 1943 errichtet wird.

Von einer öffentlichen Bekanntgabe oder einer Erörterung des Erlasses in den Amtsblättern ist abzusehen.

Dieser Erlaß wird nicht im MBlWEV. veröffentlicht.

Im Auftrage
gez. Schmidt-Bodenstedt.

Beglaubigt:
Krause
Angestellte.

Eigentlich wundere ich mich bis heute, dass mir überhaupt geöffnet wurde, um diese Uhrzeit. Aber der Bauer erklärte mir den Weg und so fand ich zur Schule zurück. Das war schon hart, aber eigentlich, zumindest nachdem ich die Nacht überstanden hatte, fand ich es auch ganz gut, so gefordert zu werden, denn zur Begrüßung hatte man uns entsprechend eingestimmt: „Ihr sollt die Elite werden", war uns gesagt worden, „ihr müsst mehr können als andere!" Daher habe ich schon eingesehen, dass die uns hart prüften und mein Ehrgeiz war auch geweckt[7].
Noch schwerer, als mich im dunklen Wald nachts von meinen Kameraden zu trennen, ist mir der Moment gefallen, als ich von einem Zehn-Meter-Brett ins Wasser springen sollte, denn ich konnte noch nicht

Abb. linke Seite: Richtlinien für die Auslese der Jungen und Mädchen im Musterungslager. (Quelle: StA Münster. Prov. Schulkollegium Lehrerbildungsanstalten Nr.8)

---

7 Charakteristisch für die Ausbildung an Lehrerbildungsanstalten (wie auch an den anderen nationalsozialistischen Ausleseschulen) war das Bemühen, den Schülern ein gewisses Elitebewusstsein zu vermitteln, in dem sie sich selber als „auserwählt" empfanden. Auf dieses Art und Weise sollte nicht nur die Attraktivität der Lehrerbildung gesteigert werden, sondern vor allem die Akzeptanz des nationalsozialistischen Systems gefördert werden. Das Musterungslager stellte einen zentralen Bestandteil dieser Bestrebungen dar. Darüber hinaus brauchte der Bewerber für eine Aufnahme an der LBA aber auch die Zustimmung seines zuständigen NSDAP-Kreisleiters und positive Zeugnisse der HJ bzw. des BDM; die darüber hinaus ja auch an der Durchführung der Musterungslager beteiligt waren.

schwimmen. Drei Mal musste ich springen, dreimal hat mich das äußerste Überwindung gekostet, das ist mir unendlich schwer gefallen. Ins Wasser zu springen, aus dieser Höhe, und sich darauf verlassen zu müssen, dass irgendjemand einen raus fischte. Das war wirklich das Schlimmste von Allem. Aber ich wollte durchkommen, wollte gut genug sein, wollte beweisen, dass ich das Zeug dazu hatte, zu denen zu gehören, die besonders gefördert wurden.

Immer wieder wurde betont, dass sie „den kompletten Menschen" haben wollten, also nach Jungen suchten, die nicht nur geistig fit, also gute Schüler waren, sondern auch sportlich, mutig, in jedem Bereich gut. Wer z.B. nicht singen konnte, war automatisch durchgefallen. So ein „kompletter Mensch" wollte ich natürlich schon gerne sein!

Wir mussten auch durch den Dümmer See laufen, von einem Ufer zum anderen. Nun ist der See nicht besonders tief, reichte mir aber, selbst wenn ich mich streckte, doch beständig bis zur Oberlippe. Den See zu durchqueren war keine Sache von fünf Minuten, eher von einer guten Stunde, das waren sicherlich drei Kilometer.
Und immer stand mir das Wasser nicht nur bis zum Hals, sondern höher, nie wusste man, ob vor einem vielleicht eine plötzliche Senke im Boden kam, eine konstante Belastung für jemanden, der nicht schwimmen kann. Das waren schwere Prüfungen, aber diese Härte war auch gewollt.

Der Dümmer See auf einer Ansichtskarte der vierziger Jahre, die sich noch in meinen Unterlagen befindet.

Eine Zu- oder Absage bekam man am Ende der zehn Tage nicht direkt mitgeteilt, wahrscheinlich, weil es ja mehrere aufeinander folgende Musterungslager gab und man die Ergebnisse der anderen Durchgänge abwarten wollte. Aber wenn man es überhaupt so weit geschafft hatte, also nicht zwischendurch nach Hause geschickt worden war, standen die Chancen wohl recht gut. Allerdings waren während der ausgiebigen ärztlichen Untersuchung, die auch Teil des Auswahlverfahrens war, bei mir Spreiz- und Senkfüße festgestellt worden, womit ich nicht mehr alle Merkmale des makellosen arischen Deutschen erfüllte. Ich erinnere mich an die längere Beratung zwischen Arzt und anderen Prüfern, ob ich mit solchen Füßen überhaupt an eine Eliteschule gehörte. Aber ganz offensichtlich wurden meine guten sportlichen Ergebnisse davon ja nicht negativ beeinflusst.

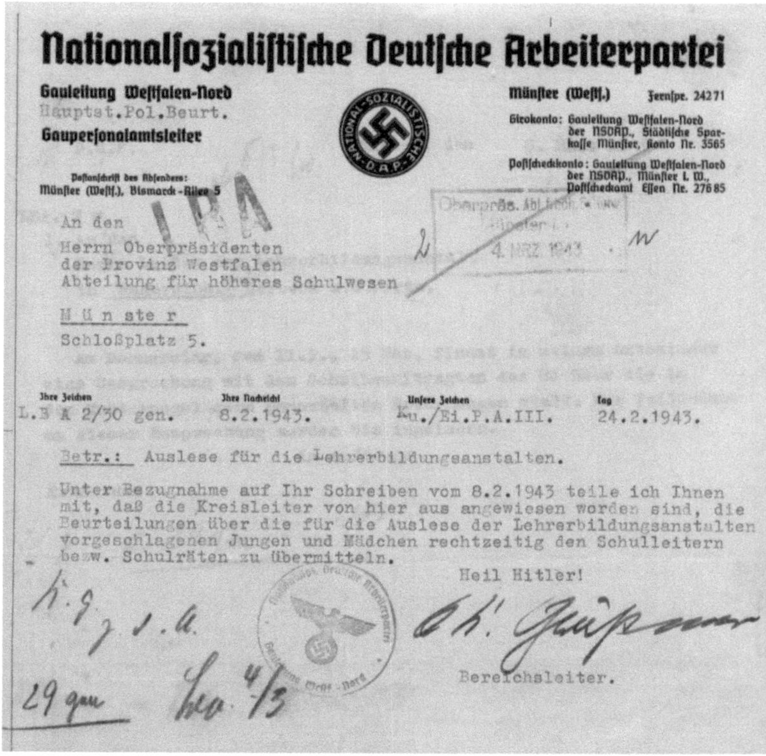

Nationalsozialistische Deutsche Arbeiterpartei

Gauleitung Westfalen-Nord
Hauptst.Pol.Beurt.
Gaupersonalamtsleiter

Postanschrift des Absenders:
Münster (Westf.), Bismarck-Allee 5

Münster (Westf.) Fernspr. 24271

Girokonto: Gauleitung Westfalen-Nord der NSDAP., Städtische Sparkasse Münster, Konto Nr. 3565

Postscheckkonto: Gauleitung Westfalen-Nord der NSDAP., Münster i. W., Postscheckamt Essen Nr. 27685

4. MRZ 1943

An den
Herrn Oberpräsidenten
der Provinz Westfalen
Abteilung für höheres Schulwesen

Münster

Schloßplatz 5.

Ihre Zeichen	Ihre Nachricht	Unsere Zeichen	Tag
L.3 A 2/30 gen.	8.2.1943.	Ku./Ei.P.A.III.	24.2.1943.

Betr.: Auslese für die Lehrerbildungsanstalten.

Unter Bezugnahme auf Ihr Schreiben vom 8.2.1943 teile ich Ihnen mit, daß die Kreisleiter von hier aus angewiesen worden sind, die Beurteilungen über die für die Auslese der Lehrerbildungsanstalten vorgeschlagenen Jungen und Mädchen rechtzeitig den Schulleitern bzw. Schulräten zu übermitteln.

Heil Hitler!

Bereichsleiter.

Für die Aufnahme war nicht nur die Auslese im Musterungslager, sondern auch eine positive Beurteilung des NSDAP-Kreisleiters notwendig. (Quelle: StA Münster. Prov. Schulkollegium Lehrerbildungsanstalten Nr.8)

Spannend war nicht nur die Frage, ob man ausgewählt wurde, spannend war auch, wohin man im Fall einer Zusage kam. Denn das Musterungslager stellte erstmal nur die grundsätzliche Eignung für eine Lehrerbildungsanstalt fest; welcher der über das ganze Land und in besetzten Gebieten verstreuten Einrichtungen man zugeteilt wurde, war die zweite Frage.

Als im Herbst 1942 meine „Einberufung" zur LBA Wadersloh per Post bei uns eintraf, waren daher meine Mutter und ich erleichtert. Ich, weil ich mich würdig erwiesen hatte und angenommen worden war, meine Mutter, weil Wadersloh nicht so weit weg lag und ihr Bruder dort wohnte. Onkel Bernhard wurde umgehend brieflich beauftragt, darüber zu wachen, ob ich auch jeden Sonntag in die Kirche ging. Die größte Furcht meiner Mutter war, dass ich vom Glauben abfallen könnte, während ich die „Heidenschule" besuchte.

Fritz war ebenfalls einberufen worden, entschied sich aber gegen den Besuch der LBA. Er war schon entsprechend unentschlossen aus dem Musterungslager zurückgekommen. Die Prüfungen hatten ihn geschockt, ebenso wie mich auch, die waren einfach hart. Aber während das bei mir dazu geführt hatte, dass ich besonders stolz war, dort durchgekommen zu sein, löste die erlebte Härte bei ihm eher einen Widerwillen gegen eine mit einem solchen System verbundene Schule aus. Ich bedauerte seine Entscheidung, zweifelte aber keine Sekunde daran, dass ich gehen würde. Ich sah meine Einberufung als Chance an, zur Elite aufzusteigen, so wie es uns dort auch vermittelt worden war. Das würde ich doch nicht ausschlagen!

Immerhin wirkten die Schockerlebnisse stark genug in mir nach, dass ich mir schwor, schwimmen zu lernen, während ich noch die Volksschulbank drückte. Zwischen Sendenhorst und Albersloh lag direkt an der Strecke der Westfälischen Landeseisenbahn, an der

Bauernhaltestelle Alst, eine ausgebeutete Sandgrube. Es war streng verboten, dort schwimmen zu gehen, aber wir taten es trotzdem.

Ostern 1943 schloss ich die Volksschule mit dem Ende der achten Klasse ab und stieg sechs Wochen später in den Zug, der mich zur Lehrerbildungsanstalt Wadersloh bringen sollte.

„Der Junge muss studieren!"

Schulzeit an der Lehrerbildungsanstalt Wadersloh, einer nationalsozialistischen Ausleseschule, 1943-1944

Am 12. Mai 1943[8] begann meine Schulzeit in der Lehrerbildungsanstalt.[9]
Ich brach alleine dorthin auf. Meinen Eltern fiel der Abschied schwer, vor allem meiner Mutter, aber ich

---

[8] Das ungewöhnliche Datum des Schulbeginns im Mai hängt wohl damit zusammen, dass die Nationalsozialisten den Anfang des Schuljahres von Ostern auf den Herbst verlegen wollten, eine Neuerung, die seit 1941 nach und nach, nicht an allen Orten und Schulen gleichzeitig, eingeführt wurde. Das Schuljahr 43/44 begann an der LBA Wadersloh im Mai 1943, endete aber erst im Juli 1944.

[9] Mit der Entstehung und der Praxis der Lehrerbildungsanstalten hat sich Ulrike Gutzmann in ihrer Dissertation „Die Ausbildung zum Volksschullehrerberuf während der Zeit des Nationalsozialismus" intensiv beschäftigt. Zum besseren Verständnis von Heinz Hönes Erlebnissen und um diese in den historischen Kontext einordnen zu können, werde ich an einigen Stellen grundlegende Informationen aus diesem Werk zusammenfassen. Laut Gutzmann entstanden Lehrerbildungsanstalten zunächst, um einem drohenden Lehrermangel zu begegnen. In der Weimarer Verfassung war erstmals festgeschrieben worden, dass die Ausbildung aller Lehrer, also auch der Volksschullehrer, eine akademische sein sollte. Bis dahin war das Abitur für eine Ausbildung zum Volkschullehrer nicht zwingend und eher unüblich gewesen. Im Laufe der zwanziger Jahre schlossen nach und nach alle „Präparandenanstalten", die auch Nicht-Abiturienten zu Volksschullehrern ausgebildet hatten. Das engte den Kreis des Lehrernachwuchses auf Abiturienten ein. Da der Volksschullehrerberuf für Abiturienten nicht besonders

hatte den Eindruck, sie wollte sich das nicht anmerken lassen. Auch wenn sie die „Heidenschule“ ablehnte, ging sie davon aus, dass deren Besuch mir zum Vorteil gereichen würde und dem wollte sie nicht im Wege stehen. Sie begleitete mich auch nicht zum Bahnhof, angeblich weil sie den Laden nicht alleine lassen konnte, aber ich denke, ihr Abschiedsschmerz war zu groß. Ich fuhr mit der Westfälischen Landeseisenbahn nach Neubeckum und stieg dort Richtung Lippstadt um.

---

attraktiv war und bis in die Mitte der dreißiger Jahre zudem eine starke Lehrerarbeitslosigkeit herrschte, gingen die Ausbildungszahlen so drastisch zurück, dass ab Ende der dreißiger Jahre enormer Lehrermangel drohte. Ein eventueller Krieg würde die Zahl der fehlenden Lehrer natürlich noch drastisch verschärfen. Um diesem Mangel abzuhelfen wandte sich das NS-Regime wieder von der akademischen Lehrerbildung ab und begann stattdessen, nach dem Vorbild der im annektierten Österreich bereits üblichen Lehrerbildungsanstalten, begabte Volksschulabsolventen zu fördern und ihnen in staatlich finanzierten Internaten eine kostenfreie Ausbildung zum Lehrer zu ermöglichen. Die Ausbildung an den LBA war auf fünf Jahre festgelegt. In den ersten vier Jahren sollte der Unterricht parallel zum Unterricht an höheren Schulen erfolgen; im fünften Jahr sollten berufliche Theorie und Praxis folgen. Mit der Einrichtung von LBA schaffte das NS-Regime jedoch nicht nur Rahmenbedingungen, um rasch ausreichenden Lehrernachwuchs auszubilden, sondern durch die spezielle Auswahl der Schüler und die Unterbringung in Internaten auch alle Voraussetzungen, starken Einfluss auf die Entwicklung der auszubildenden jungen Menschen zu nehmen und so Lehrer heranzuziehen, die den nationalsozialistischen Geist in die nachfolgenden Generationen tragen würden. In einem Entwurf für die Lehrpläne der neuen LBA heißt es 1941, die Hauptaufgabe der Lehrer liege nicht mehr in der Vermittlung von Kenntnissen und der förmlichen Schulung von

Mein Empfang in der Schule war so, als ob man in eine Kaserne kommt: Einkleiden, Zuweisung von Bett und Spind. Die Schuluniform bestand aus einer erweiterten HJ-Uniform. Zu dem üblichen braunen Hemd trugen wir statt der kurzen lange graue Hosen und graue Jacken, die fast wie Soldatenjacken aussahen. Um deren Ärmel war im oberen Bereich eine breite Hakenkreuzbinde und unten, kurz über dem Handgelenk, eine schmale Borte, in welche die Nummer unseres HJ-Bannes eingestickt war.

Verstandeskraft. Vielmehr sei das Lehramt nun ein „politisches Amt geworden, das höhere Anforderungen an die seelische Reife und die geistige Selbstständigkeit des Lehrers stellt." Die Volksschule des nationalsozialistischen Staates verlange „einen besonders befähigten Lehrer, der durch die gründliche Allgemeinbildung und eine sorgfältige Berufsvorbereitung instand gesetzt ist, die Aufgaben des Unterrichts zu meistern, der aber um seiner erzieherischen Aufgabe in und außerhalb der Schule willen im Volke steht, mit ihm lebt und fühlt." Der nationalsozialistische Volksschullehrer müsse, „im Volkstum wurzelnd zum vollen Einsatz für Volk und Reich bereit" sein. (Gutzmann, S.359) Die Vermittlung weltanschaulicher Positionen im Geiste des Nationalsozialismus und die Erziehung hin zur Wahrnehmung des deutschen Volkes als einer großen Schicksalsgemeinschaft sollte dabei nicht nur intellektuell geschehen, sondern durch streng geregeltes Miteinanderleben nach nationalsozialistischen Prinzipien selber erfahren werden. Die Gemeinschaftserziehung, die den „ganzen Menschen" erfassen sollte, besaß die Funktion eines Bindegliedes zwischen formaler Bildung und dem „Kraftfeld von Führung und Kameradschaft", jenes nach NS-Auffassung zentralen Erziehungselementes, durch das der nationalsozialistische neue Mensch herangebildet werden sollte. (Gutzmann, S. 390) Dabei ging man von der Erkenntnis aus, das gerade die Zeit zwischen dem 14. und 20.Lebensjahr für die „Formung des Charakters und die Bildung der Weltanschauung" eine

Unser Schlafsaal lag unter dem Dach und erstreckte sich über einen großen Teil des Gebäudes, ein riesiger Raum. In ihm standen Betten dicht an dicht, direkt hintereinander, so dass das Kopfende eines Bettes ans Fußende des nächsten Bettes stieß. Reihe neben Reihe mit nur schmalen Gängen dazwischen, Gänge, die gerade so breit waren, wie unsere schmalen Nachttischspinde und durch die sich diejenigen, die zu den hinteren Betten wollten, durchwinden mussten. Man betrat den Raum nicht mittig, sondern nach rechts versetzt, wo sich auch die lange Doppelreihe Spinde erstreckte. Neben diesen, und dadurch zumindest optisch vom Schlafsaal getrennt, waren unter einer Flucht von Dachgauben, deren Fenster meist Tag und Nacht offen standen, zahlreiche Waschbecken installiert worden.

Zwischen achtzig und hundert Jungen schliefen und wuschen sich in diesem Raum, das war schon recht spartanisch, hat uns aber nie gestört. Erstaunlicherweise konnte ich auch gut schlafen, obwohl wir dicht an dicht lagen. Da herrschte nachts aber auch Ruhe, das wurde verlangt und kontrolliert. Diese Disziplin war bei so vielen Jungen in einem Raum einfach notwendig.

---

entscheidende Phase darstellte. In diesem Alter löste sich der Jugendliche vom Elternhaus und verfügte dabei über ein sehr hohes Potenzial an Idealismus, Begeisterungsfähigkeit und Einsatzbereitschaft, die man durch das schlichte Vor- und Miterleben einer von klaren weltanschaulichen Grundsätzen festgefügten Gemeinschaft in entsprechende Bahnen lenken wollte. (Gutzmann, S. 419)

Die Lehrerbildungsanstalt Wadersloh befand sich in den Gebäuden des Johanneum, einer Jungenschule, die 1922 von den Christlichen Schulbrüder gegründet worden und 1923 in diesen Neubau eingezogen war. 1937 hatten die Nationalsozialisten die Schule wegen angeblichem „undeutschen Verhalten" geschlossen. Das große Gebäude beherbergt Klassenzimmer, Schlaf- und Speisesäle. Vorne links im oberen Bild sieht man die Sanitäranlagen für den Sportplatz, hinten rechts die der sehr moderne Turnhalle.

Die LBA war einerseits eine ganz normale Schule mit der üblichen Unterteilung in Jahrgänge, Klassen, Lehrer, Schüler und Direktor. Gleichzeitig gab es aber eine ergänzende Hierarchie, die zum Teil dem Aufbau der HJ entsprach; zum Teil eine ganz eigene, ans Militär angelehnte Ausprägung hatte.
So galt die LBA Wadersloh als ein Stamm innerhalb des HJ-Bannes Ahlen-Beckum. Jede Klasse entsprach einer HJ-Schar mit jeweils drei HJ-Kameradschaften, so ergab sich auch die Zahl von dreißig Schülern pro Klasse. Jede Kameradschaft hatte einen Kameradschaftsführer, anstelle eines Klassensprechers gab es den Scharführer. Die Lehrer, die hier Erzieher hießen[10], wurden Zugführer genannt, ein Rang, den es sonst nirgendwo gab. Jeden Tag war ein anderer Erzieher „Zugführer vom Dienst“ und damit für den geregelten Ablauf des Schultages verantwortlich. Ihm zur Seite stand jeweils ein Schüler, der sogenannte UvD, Unterführer vom Dienst. Angesprochen wurden wir mit Jungmann. „Jungmannen angetreten!“ Wenn etwas Besonderes war, wurde die Bezeichnung auch mit dem Namen ergänzt: „Jungmann Höne vorgetreten!“

Die äußere Struktur, die Hierarchie, der Tagesablauf, alles war straff organisiert, nahezu militärisch. Zu jedem Zeitpunkt waren Ordnung, Aufmerksamkeit,

---

[10] Ein Ausdruck des Bestrebens, die zukünftigen Volksschullehrer ganzheitlich formen und bilden zu wollen, wovon die intellektuelle Ausbildung nur noch einen Teil darstellt, ist die Umbenennung der Lehrer in Erzieher.

Disziplin und Fleiß gefordert, egal ob es sich um persönliche Hygiene, Tischsitten, Schulunterricht oder Sport handelte. Und dennoch herrschte bei uns eine wunderbare Atmosphäre, in der ich mich außerordentlich wohl gefühlt habe.

Ich denke, das hatte in erster Linie damit zu tun, dass uns immer wieder erklärt wurde, warum auf unsere umfassende Erziehung so großer Wert gelegt wurde, warum „der ganze Mensch" erzogen werden sollte, so wie sie das nannten. Zum einen hieß es, wenn wir erst die Welt erobert hätten, seien wir dazu ausersehen, die weniger entwickelten Völker zu erziehen und dazu seien wir nur in der Lage, wenn wir die entsprechenden Tugenden selber beherrschten. Zum anderen aber, und das war viel greifbarer für uns, wurde immer wieder die Vorbildfunktion betont, die wir zukünftig als Lehrer haben würden. Das leuchtete uns ein, so dass wir die straffe Organisation nicht als schikanös empfanden. Es wurde auch nie übertrieben. All diese Tugenden wurden uns ja nicht eingeprügelt, sondern wir glaubten daran, verhielten uns auch gerne dementsprechend, weil wir selber das Gefühl hatten, dadurch etwas Besseres zu sein und zur Elite aufzusteigen. Wir sahen auch die Chance, die sich uns eröffnete. Die wenigsten von uns hätten unter anderen Umständen eine Höhere Schule besuchen können. Trotz der klaren Hierarchien hatten wir ein sehr menschliches, fast schon kameradschaftliches Verhältnis zu unseren Lehrern, die ja auch in der LBA wohnten, gleichzeitig unsere Erzieher waren und die wir im Tagesablauf immer wieder sahen, nicht nur im Unterricht, auch in der Studierzeit, beim Frühsport, beim Gute-Nacht-Sagen. Uns verband ein großes Gemeinschaftsgefühl, uns Schüler untereinander aber auch Schüler und Lehrer.

Ich weiß nicht mehr, wann wir morgens geweckt wurden, aber jedenfalls war da sofort Aufstehen angesagt, nicht noch einmal umdrehen… Der Tag begann mit Frühsport, zunächst gymnastischen Übungen auf dem zur Schule gehörenden Rasenplatz, anschließend Dauerlauf. Die LBA lag am Ortsrand, so dass wir praktisch vor der Haustür auf Feldwege stießen, über die wir laufen konnten. Nach etwa fünfzehn oder zwanzig Minuten folgten noch einmal Gymnastikübungen. Anschließend hieß es Waschen, Anziehen und Betten bauen, bevor wir um 7. 00 Uhr zum Morgenappell antraten. Exakte Ausrichtung, korrektes Antreten, das war schon wichtig. Zugführer und Unterführer vom Dienst überwachten das und begrüßten die angetretenen Jungmannen. Wenn einer nicht vollständig fertig gemacht war, z.B. die Schuhe noch nicht zugebunden hatte, weil ihm die Zeit nicht gereicht hatte, ließen Zug- oder Unterführer ihn schon mal eine Strafrunde um den Platz laufen. Solche Strafmaßnahmen erfolgten aber nie ohne Grund, nie zur Schikane, sondern entsprangen immer dem Anhalten zur Ordnung und Sauberkeit und wurden von daher von uns ohne Widerwillen akzeptiert.
Beim Morgenappell wurde die Fahne gehisst, wahrscheinlich auch ein Spruch aufgesagt, von denen sich mir aber keiner eingeprägt hat.

Zum Frühstück waren die Tische mit Geschirr eingedeckt, Graubrot, Marmelade und Aufschnitt konnte man sich von Platten holen, die auf Tischen am Rand des Saales aufgebaut waren. Wir konnten alle viel essen, sehr viel essen, lauter halbwüchsige Jungen, die viel Sport trieben, wir hatten gar keine richtige Bremse, wir hatten immer Hunger!

Die Lehrer achteten aber stark darauf, dass es im Speisesaal gesittet zuging. Es gehörte sich nicht, zu stopfen, schlechte Tischmanieren an den Tag zu legen, sich den Teller zu voll zu packen oder am Buffet zu drängeln. Fiel jemand unangenehm auf, musste er sich wieder hinsetzen und war erst dran, wenn alle anderen genommen hatten. Das war eine Frage der Disziplin, es bestand nicht die Gefahr, dass einer nichts mehr abbekam, es gab reichlich zu essen. Morgens ging es aber ohnehin noch gesittet zu. Mittags konnte es durchaus passieren, dass wir versuchten, die erste Portion möglichst rasch runter zu stopfen, um anschließend schnell nachholen zu können, weil wir eben immer hungrig waren[11].

---

[11] Gutzmann schreibt: „Das Leben im Gemeinschaftsheim sollte außerdem den vermeintlich hohen Kulturstand des deutschen Volkes wiederspiegeln, die zukünftigen Lehrer sollten einen vorbildlichen Lebensstil pflegen. So sollte z.B. die Einnahme der gemeinsamen Mahlzeiten die Jugendlichen in die selbstverständliche Befolgung der Tischsitten einüben. Sauberkeit, ordentliche Kleidung, rücksichtsvolles Benehmen und sichere Beherrschung der für eine gepflegte Tafel notwendigen Formen gehörten ebenso dazu, wie gelöste Gespräche und langsames Essen." (S. 426)

Anschließend begann der Schulunterricht. Wir folgten dem Lehrplan der Höheren Schulen und hatten ganz normalen Schulunterricht, Mathematik, Deutsch, Physik, Chemie, Erdkunde, Biologie. Lediglich Fremdsprachen spielten eine untergeordnete Rolle. Englisch wurde nur angetippt, Latein hatten wir gar nicht. [12] Betrat der Lehrer die Klasse, rief der Scharführer: „Achtung!" und alle schossen aus ihren Bänken. Aber je länger wir da waren und umso vertrauter die Stimmung unter uns wurde, desto weniger zackig wurde das exerziert.

Nach der dritten Stunde gab es ein Butterbrot, das wir uns morgens fertig gemacht hatten.

Um 13.00 Uhr war die sechste Stunde und damit der Schulunterricht zu Ende. Es waren immer einige von

---

[12] In den „Vorläufigen Bestimmungen für den Unterricht an Lehrerbildungsanstalten" des Reichsministers für Wissenschaft, Erziehung und Volksbildung aus dem Jahr 1942 werden die Unterrichtsinhalte folgendermaßen chrakterisiert: „Der Deutschunterricht hat die Aufgabe, den Jungen in das Leben der deutschen Sprache einzuführen, ihn Mittel und Möglichkeiten des mündlichen und schriftlichen Ausdrucks zu lehren und mit dem deutschen Schrifttum vertraut zu machen. Er muß den Jungen mit Stolz erfüllen, in eine Gemeinschaft geboren zu sein, die den größten Beitrag im Geistesleben der Völker geleistet hat, und in ihm den Willen entzünden, an dem Ringen der Dichter und Denker seines Volkes beteiligt zu sein. Der Geschichtsunterricht als Grundfach der politischen Erziehung soll das Verständnis für den schicksalhaften Daseinskampf des deutschen Volkes vermitteln und den Jungen zu verständnisvollem Miterleben der Gegenwart im sicheren Glauben an die Zukunft seines Volkes und dessen Führungsaufgabe führen. Der Biologieunterricht als Kernfach nationalsozi-

uns zum Tischdecken und -abräumen eingeteilt, die mussten direkt vom Unterricht zum Speiseraum gehen und die entsprechenden Aufgaben erledigen. Für die eigentliche Arbeit in der Küche, Kochen, Spülen usw. gab es Personal. Wir anderen konnten uns noch ein wenig die Füße vertreten oder schon mal ein paar Minuten einen Ball hin- und herschieben, bis es Essen gab. Zu Mittag gab es häufig Suppen, Eintopfgerichte. Wir waren nicht übermäßig gut versorgt, was die Qualität des Essens anging, aber es gab immer ausreichend.
Nach dem Essen hörten wir um 14.00 Uhr gemeinsam Nachrichten übers Radio. Ich weiß nicht mehr, ob das jeden Tag der Fall war, oder nur, wenn etwas Besonderes gemeldet wurde, aber der Krieg war ja die Zeit der Sondermeldungen und Frontberichterstat-

---

alistischer Erziehung schafft das Verständnis für die Gesetzmäßigkeit des Lebens, für die Einordnung des Menschen in diese Gesetzmäßigkeiten und stellt besonders die wechselseitige Beziehung zwischen Gemeinschaft und Einzelwesen klar. Damit bildet er die Grundlage eines klaren lebensgesetzlichen Denkens und eines der nationalsozialistischen Weltanschauung entsprechenden Handelns. Die Erdkunde führt zusammen mit der Behandlung rassischen Erbgutes und des geschichtlichen Werdeganges in Biologie und Geschichte zu einer Betrachtung des Schicksalskampfes des deutschen Volkes vom Raum her, zum Erfassen von Lebensart, Lebensform und Raumschicksal der anderen Völker wie auch der Umbruchvorgänge der Gegenwahrt und damit zur Einheit des nationalsozialistischen Weltbildes.“ Selbst die Naturwissenschaften sind weltanschaulich geprägt: „Der Chemieunterricht hat ein vertieftes Verständnis vom Wesen der für das deutsche Volk wichtigsten Stoffe und Stoffumwandlungen zu vermitteln.“

tungen, da war eigentlich jeden Tag etwas los. Anschließend war Mittagsruhe. Eine Stunde Mittagsruhe, die wir auf dem Bett liegend einzuhalten hatten. Wir durften lesen, träumen, schlafen, Hauptsache wir ruhten eine Stunde und es herrschte absolute Stille. Ich schlief fast nie, noch heute kann ich tagsüber schlecht einschlafen, so dass ich entweder las oder die Zeit einfach so vorüberziehen ließ.

Um 15.00 Uhr waren oft Appelle, aber nicht immer und nicht nach einem bestimmten Rhythmus, denn der Sinn der Sache war ja, dass Appelle einen unvorbereitet trafen, sonst war der Überraschungseffekt weg. Mal wurden Appelle über Lautsprecher angekündigt, mal ging der UvD durch die Klassenräume und pfiff: „Achtung, Jungmannen, antreten zum Spindappell!“ Überraschend kam das immer, so dass man sich bemühte, sämtliche Bereiche stets in Ordnung zu halten, weil man ja nie wissen konnte...
Es gab den Schuhappell, bei dem Schuhe und Turnschuhe überprüft wurden, Uniform- und Sportkleidungsapell, Spindapell, mal waren auch Zivilkleidung und Strümpfe dran oder der Appell für Bücher, Hefte und Zeichengeräte. Besonders tückisch war natürlich der Generalappell, wenn alles überprüft wurde.
Jeder besaß einen Spind, der mit seinem Namen gekennzeichnet war und nicht abgeschlossen werden durfte. Alles darin hatte genau auf Kante zu liegen, ebenso wie die Betten morgens militärisch ordentlich rechtwinklig fertig zu machen waren. Sonst konnte es schon mal passieren, dass das Bettzeug hochgerissen

wurde oder ein unordentlicher Stapel sich vor dem Spind auf dem Fußboden wiederfand.

Um 15.20 Uhr bekamen wir ein sogenanntes Kaffeebrot, ein Marmeladenbrot. Anschließend begann die Studierzeit, also Zeit zur Erledigung der Hausaufgaben und für zusätzliches Lernen, die sich bis 18.00 Uhr hinzog. Dafür setzten wir uns in aller Regel wieder in unsere Klassenzimmer. Die Lehrer kamen in regelmäßigen Abständen durch; wenn man etwas gar nicht begriffen hatte, konnte man diese Gelegenheit nutzen und noch einmal nachfragen[13].

An einigen Nachmittagen in der Woche fiel die Studierzeit deutlich kürzer aus, weil wir noch Sport

---

[13] Hierin sieht der Referendar Josef Zumkley, der 1941 sein Referendariat an der LBA Wadersloh abschloss, eine der großen Vorteile der Einrichtung. In seiner im Landesarchiv NRW erhaltenen Abschlussarbeit heißt es u.a.: „An den Lehrerbildungsanstalten sollen begabte Jungen und Mädchen, die entweder im Landdienst waren oder unmittelbar von der Volksschule kommen, zu Lehrern bzw. Lehrerinnen herangebildet werden. (...) Das Leben an der Anstalt in militärisch aufgezogen. (...) Obgleich die Stundenzahl nicht viel höher ist als bei den höheren Schulen, muß doch entschieden mehr geleistet werden. Dies ist nur dadurch möglich, daß die Jungen auch in der Anstalt wohnen. Denn so lernen die Erzieher ihre Schüler besser kenne und sind viel eher in der Lage, ihren Fehlern und Schwächen entgegen zu arbeiten. Andererseits werden die Jungen nicht so sehr durch äußere Dinge von der Arbeit abgelenkt wie ihre Kameraden an den höheren Schulen. In der vorgeschriebenen Arbeitszeit müssen die Jungmannen täglich ihre Schulaufgaben erledigen. Wenn sich hierbei Schwierigkeiten einstellen, so sind auch die Erzieher gerne am Nachmittage bereit, ihnen dieses oder jenes zu erklären." (Quelle: Nordrheinwestfälisches Staatsarchiv Münster Lehrerbildungsanstalt Wadersloh Nr. 5)

hatten, Sport wurde ganz groß geschrieben. Es gab einen Fußballplatz, es gab eine Turnhalle mit Geräten, es gab ein Schwimmbecken am Rand des großen Rasenplatzes, in dem wir uns vor allem im Sommer viel aufhielten.

Neben angeleitetem Training und Sportunterricht verbrachten wir auch nahezu unsere ganze Freizeit mit Sport. Der Fußballplatz war eigentlich ständig in Betrieb.

Zwischen 18.15 Uhr und 18.45 Uhr gab es Abendbrot, Brot mit Aufschnitt. Anschließend war meistens frei, es sei denn es kam eine besondere Führerrede oder ähnliches im Radio, dann versammelten wir uns zur entsprechenden Uhrzeit, um die gemeinsam zu hören. Manchmal organisierten die Lehrer auch ein Abendprogramm, die Vorführung eines bestimmten Filmes, eine Abendrunde, also ein Gespräch zu einem bestimmten Thema, aber in der Regel waren wir abends draußen oder bei ganz schlechtem Wetter in der Turnhalle zu finden, wo wir Sport machten. An manchen Abenden war auch HJ-Dienst, wobei der häufig ebenfalls aus Sport bestand. Ich kann in meiner Erinnerung gar nicht auseinander halten, was Schulsport, HJ-Sport und freiwilliger Sport war, aber ich erinnere mich, dass wir an etlichen Abenden nach dem Abendbrot „aus Spaß" noch zwölf Kilometer liefen. Das war alles erlaubt, Hauptsache wir waren um 22.00 Uhr wieder in der Schule.

Um 22.15 Uhr kamen der Zugführer und der UvD durch die Schlafsäle: „Gute Nacht, Jungs!" Das Licht wurde ausgeschaltet und es hatte Ruhe zu herrschen.

Reguläre Abendappelle gab es nicht. Wenn irgendetwas vorgefallen war, das schwerer wog, konnte es passieren, dass wir nach dem Zapfenstreich nochmal aus den Betten raus, Treppen runter und antreten mussten. Das war dann aber als Strafaktion gedacht. Wenn einer sich völlig daneben benommen hatte wurde er vor versammelter Mannschaft abgekanzelt. Eine Streitigkeit, die in eine Prügelei ausgeartet war, beispielsweise, so etwas wurde geahndet.

Dieser Tagesablauf von Wecken bis Zapfenstreich galt an sechs Tagen die Woche. Sonn- und auch Feiertags, wie z.B. an „Führers Geburtstag", durften wir länger schlafen. Das Essen war etwas besser, als an den anderen Tagen, es gab Weißbrot zum Frühstück, besseren Aufschnitt und einen Nachtisch zum Mittagessen, meist Pudding. Sonntags war, bis auf eine nachmittägliche Putz- und Flickstunde, frei, aber häufig wurde ein Programm organisiert: Ausflüge oder Geländespiele, manchmal in Verbindung mit einem Picknick oder Lagerfeuer. Oft hatten wir auch ein Fußballspiel oder traten in einem Sportwettkampf gegen eine andere LBA an. Wir hatten einen Fanfarenzug an der Schule, 120 Jungen, die die Fanfare bliesen, und ich mittendrin! Das war ein erhebendes Gefühl, das hört sich einfach ganz toll an, wenn eine so große Gruppe bläst. Immer häufiger wurden wir sonntags oder an Feiertagen eingesetzt, irgendwelche offiziellen Veranstaltungen, Reden, Wettkämpfe mit unserem Fanfarenzug zu begleiten. Das war ein gewisser Knackpunkt, denn die größte Sorge meiner Eltern bestand ja darin, dass ich sonntags nicht mehr zur Kirche gehen könnte. Ich hatte ihnen auch fest versprochen, den Gottesdienst nicht zu vernachlässigen, aber es passierte immer häufiger, dass es einfach nicht ging, weil wir geschlossen unterwegs waren, da konnte ich mich nicht ausklinken. Gerne wurde es nicht gesehen, wenn ich an den Sonntagen, an denen wir in Wadersloh blieben, zur Kirche aufbrach, angenehm war das der Schulleitung nicht. Der Direktor verbot es nicht direkt, fragte aber: „Muss das wirklich sein?" - „Ich habe es doch meinen Eltern versprochen." Ich war der einzige, der ab und zu die Messe besuchte, nur mein Freund Dieter Höpke kam gelegentlich mit, aber mehr, um mich zu begleiten, weniger um des Gottesdienstes willen. Und dann war wieder ein Fußballspiel angesetzt, ein Termin mit dem Fanfarenzug, so dass mein Onkel vergeblich vor der Kirche auf mich wartete. Ich wandte mich in meiner Not an unseren Klassenlehrer, Herrn Puschmann. Der setzte sich in beide Richtungen für mich ein, suchte meinen Onkel auf und besprach mit ihm, dass es kein böser Wille war, wenn ich sonntags morgens im Gottesdienst fehlte, so dass ich zu Hause keinen Ärger bekam. Und er redete mit dem Schulleiter, so dass ich auch keinen Ärger bekam, wenn ich mal zur Kirche ging. Trotzdem schlief meine Teilnahme am Gottesdienst nach und nach ein, weil unsere Termine immer mehr wurden. Der Besuch der Messe war mir persönlich auch gar nicht so wichtig, ich wollte vor allem Ärger mit den Eltern vermeiden.

Vom Schulischen her ist mir der Besuch der LBA leicht gefallen. Ich wurde auch bald einer der drei Kameradschaftsführer in unserer Klasse und sogar Unter-

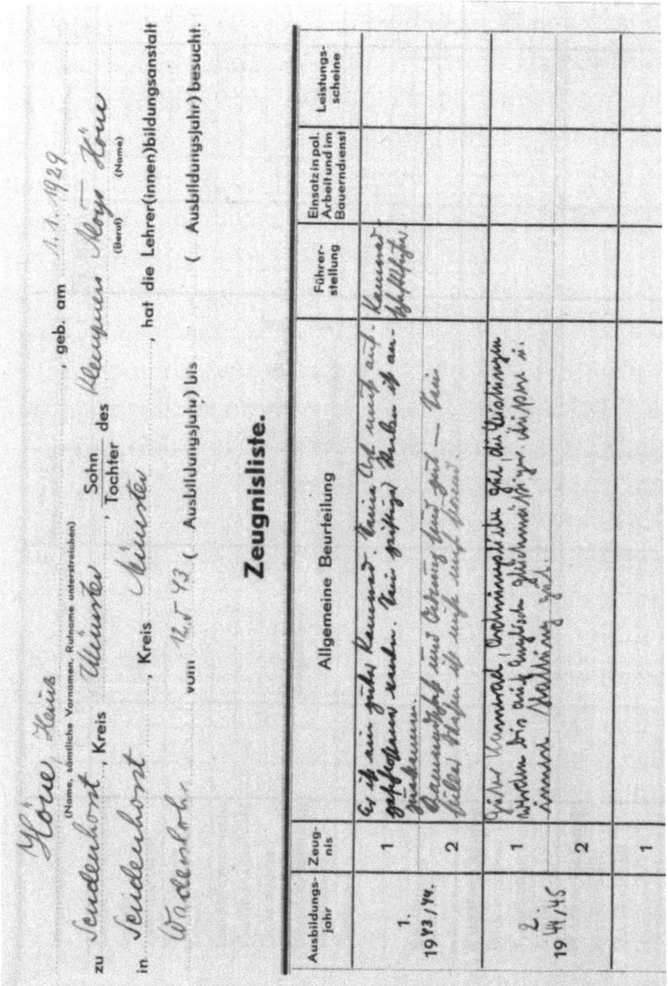

Höne, Heinz (Name, sämtliche Vornamen, Rufname unterstreichen), geb. am 1.1.1929

zu Seidenhorst, Kreis Münster, Sohn / Tochter des Klempner (Beruf) Alois Höne (Name)

in Seidenhorst, Kreis Münster, hat die Lehrer(innen)bildungsanstalt

Wadersloh vom 12.5.43 (Ausbildungsjahr) bis (Ausbildungsjahr) besucht.

Zeugnisliste.

Ausbildungsjahr	Zeugnis	Allgemeine Beurteilung	Führerstellung	Einsatz in pol. Arbeit und im Bauerndienst	Leistungsscheine
1. 1943/44	1	[illegible]	[illegible]		
	2	[illegible]			
2. 1944/45	1	[illegible]			
	2				
	1				

Oberer (ausgefüllter) Teil meines Zeugnisbogens, der zusammen mit anderen Personalunterlagen der Lehrerbildungsanstalt Wadersloh über das Universitätsarchiv Münster (Pädagogische Hochschule) ans Nordrhein-Westfälische Staatsarchiv Münster gelangt ist. (Quelle: Nordrheinwestfälisches StA MS Lehrerbildungsanstalt Wadersloh Nr. 8) führer, von denen es an der ganzen Anstalt nur fünf oder sechs gab. Solche Beförderungen gab es immer nur, wenn vom Schulischen her alles in Ordnung war. Als Kameradschaftsführer saß ich vorne, links von meiner Gruppe und war der erste Ansprechpartner, wenn es irgendwelche Schwierigkeiten gab. Alles, was aus dem Rahmen fiel, wurde zunächst dem Kameradschaftsführer gemeldet, egal ob jemand Beschwerden hatte und den Arzt aufsuchen musste, oder ob er den Stoff nicht verstanden hatte und Hilfe brauchte. In solchen Fällen konnte ich anordnen, dass ein anderer Schüler sich in der Studierzeit mit ihm hinsetzte und das nochmal erklärte oder übte. Ich hatte aber auch dafür zu sorgen, dass mein Gruppe sich ruhig und diszipliniert verhielt. Hatte ein Lehrer Probleme mit einem Mitschüler, wandte er sich auch zunächst an mich, wie an einen Vertrauensschüler. Ein Mitschüler suchte mich regelmäßig auf, weil er so unter Heimweh litt. Den nahmen wir in unsere Freundesgruppe auf, die sich im Lauf der Zeit gebildet hatte: Albert Fuest, Franz Piasecki, Dieter Höpke, mit denen verband mich bald eine besondere Freundschaft.

Mein Freund Franz Piasecki in der Uniform der LBA

Den Orten in der Nähe, Liesborn, Waldliesborn und Benteler fehlte ein HJ-Gruppenführer und ich wurde kurzerhand dazu ernannt, ich weiß gar nicht mehr, von wem. Mir war das gar nicht recht, denn dieses Amt beinhaltete, dass ich an manchen Abenden einen der Orte aufsuchen, vor allem aber an Feiertagen die Meldung der angetretenen Scharen abnehmen musste. Dabei war ich viel lieber mit meiner Wadersloher Clique zusammen. Zum Glück hielten sich die Termine in Grenzen.

Was die Schulzeit an der LBA so schön gemacht hat, war die echte Harmonie, die wir hatten, das Gemeinschaftsgefühl, das uns alle verband. Hinzu kam das Glücksgefühl, das daraus entstand, dass ich immer wieder herausgefordert wurde und in der Lage war, den Anforderungen zu entsprechen. Das galt natürlich für den Sport, in dem ich recht erfolgreich war, das galt aber auch für Sonderaufgaben wie eben Kameradschafts- oder Unterführer. Unterführer vom Dienst war man im Turnus mit den anderen Unterführern immer für 24 Stunden, also Tag und Nacht. Tagsüber begleitete der UvD zeitweise den Zugführer vom Dienst und führte seine Anordnungen aus, ließ z.B. morgens auf dem Appellplatz alle antreten. Da fühlte ich mich natürlich schon ein wenig besonders, als ich diese Stufe in der Hierarchie überschritten hatten, und die anderen antreten lassen durfte, aber das Wichtigste am Amt des UvD war doch der Pfortendienst, der damit verbunden war. Man saß dazu Tag und Nacht in einem verglasten Raum am Eingang der

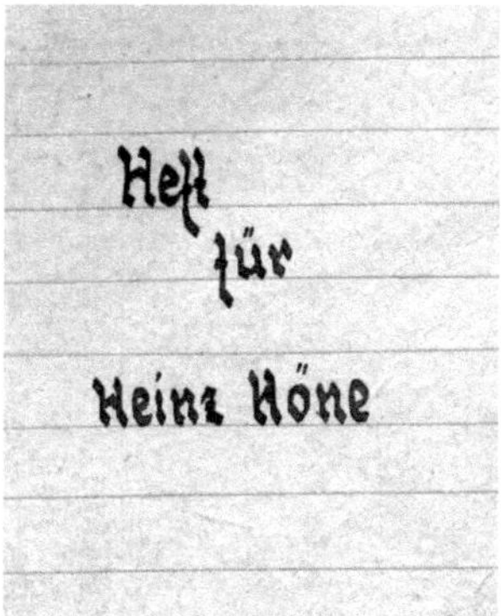

Schule, beantwortete das Telefon, überwachte, wer die Schule betrat, musste von den Mitschülern um Erlaubnis gebeten werden, wenn sie die Schule verlassen wollten - und fühlte sich ein bisschen so, als ob man die Schule leitete. Besonders ausgeprägt war dieses Gefühl nachts, wenn man als einziger nicht schlief und über das Gebäude und alle darin Schlafenden wachte. In diesen langen Nachtstunden habe ich zwei Büchlein mit meinen Gedanken und Philosophien vollgeschrieben, da kreiste einem doch viel durch den Kopf [14].

Als UvD nahm man natürlich auch nicht am Frühsport teil und brauchte auch nicht mit anzutreten. Stattdessen stand man in der Tür der Schule und schaute von der Seite zu, da hat man sich schon gefühlt! Zum UvD befördert zu werden war eben eine Auszeichnung.

---

[14] Heinz Hönes Empfinden, das sich in diesen Zeilen spiegelt, zeigt nicht nur seine eigenen Bemühungen „um ein ehrliches Leben“, sondern entspricht auch dem Geist der Anstalt, den ein Referendar so zusammenfasst: „Ziel der Gemeinschaftserziehung sind soldatisches Auftreten nach außen und saubere innere Haltung. Erreicht wird dieses Ziel durch eine straffe Organisation des gesamten Tagesdienstes, sowie durch unbedingtes Fordern und Anhalten zur Wahrhaftigkeit in allen Dingen.“ (Quelle: Nordrheinwestfälisches Staatsarchiv Münster, Lehrerbildungsanstalt Wadersloh Nr. 5)

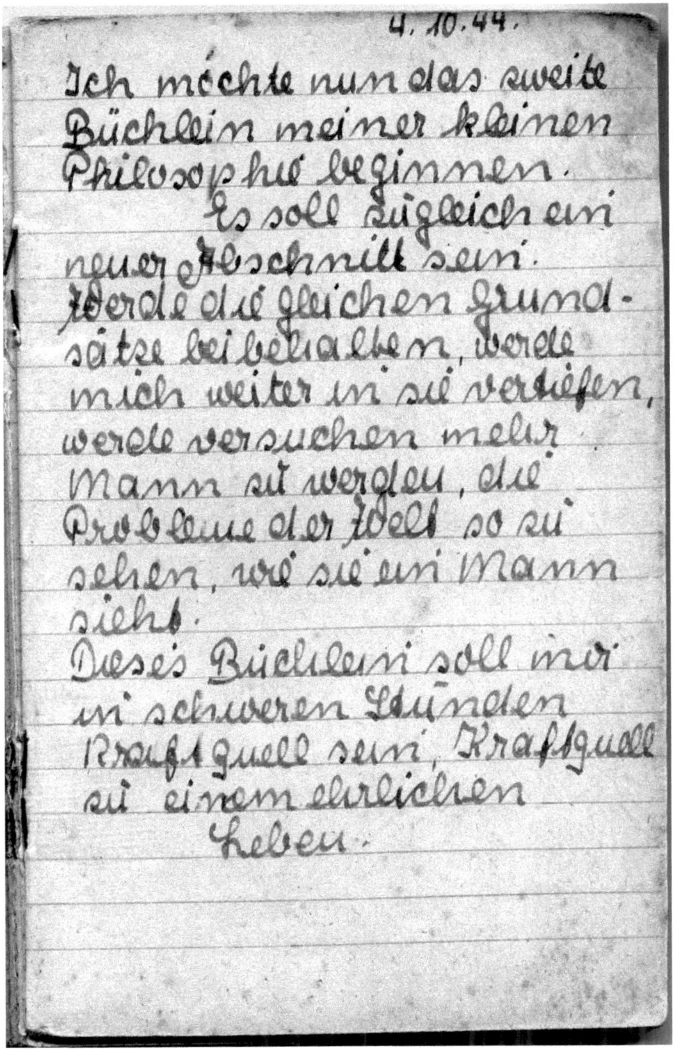

4.10.44.

Ich möchte nun das zweite Büchlein meiner kleinen Philosophie beginnen.
Es soll zugleich ein neuer Abschnitt sein.
Werde die gleichen Grundsätze beibehalten, werde mich weiter in sie vertiefen, werde versuchen mehr Mann zu werden, die Probleme der Welt so zu sehen, wie sie ein Mann sieht.
Dieses Büchlein soll mir in schweren Stunden Kraftquell sein, Kraftquelle zu einem ehrlichen Leben.

Die erste Seite des zweiten Büchleins, das Heinz Höne in langen Nachtstunden mit seinen Überlegungen gefüllt hat.

Schulstempel

Oft gibt es ja im Leben Spannungen, wenn einer mehr zu sagen hat, als der andere. Solche Spannungen haben wir aber nie aufkommen lassen. Das lag sicherlich daran, dass wir UvDs unsere Stellung genauso wenig wie die Lehrer ausnutzten, um Mitschüler zu schikanieren oder grundlos zu reglementieren. Wir hatten eher das Gefühl, alle an einem Strang zu ziehen, auf ein gemeinsames Ziel hin zu arbeiten, ein jeder eben auf seiner Position und so gut er konnte.

Einige Male während meiner LBA-Zeit wurde ich zusammen mit drei oder vier Mitschülern an andere Lehrerbildungsanstalten delegiert. Ich war vier Wochen in Maastricht, zwei Wochen in Arnheim und zwei Wochen in einer LBA im Harz. Diese Austausche sollten dazu dienen, Einblicke in andere Anstalten zu gewinnen und abzuschauen, ob anderswo etwas besser gemacht wurde, ob es Elemente gab, die wir übernehmen konnten. Meine Einblicke führten mir aber immer nur vor Augen, wie gut es uns in Wadersloh ging. Anderswo war es unruhig. Es herrschte viel Ärger untereinander, nicht nur unter den Schülern, auch zwischen Lehrern und Schülern, der viele Reibereien mit sich brachte und einen entsprechend schärferen Ton im Umgang miteinander, eine gewisse Kälte. So war der offizielle Gruß an allen Lehrerbildungsanstalten natürlich der Hitlergruß. An vielen Schulen wurde auf die Einhaltung dieser äußeren Rituale und Zeichen ganz anderer Wert gelegt, als bei uns. In Wadersloh hatten wir ein so offenes und menschliches Verhältnis zueinander, dass es sich ganz schnell so entwickelte, dass nur bei offiziellen Anlässen oder wenn Besucher zugegen waren bzw. Fremde zur Pforte kamen, der Hitlergruß verwendet wurde. Untereinander grüßten wir, sowohl Schüler als auch Lehrer uns durch „Hallo", „Guten Morgen" oder einfach nur durch Anlächeln. So kam es, dass Wadersloh als seriöseste, ruhige, sachlichste aller LBAs galt.

Unsere gute Stimmung wurde sicher von einer gewissen Dankbarkeit für das, was uns geboten wurde, verstärkt. Ich konnte das erste Mal in meinem Leben Musik machen, nicht nur im Fanfarenzug, ich bekam auch Klavierunterricht. Solche Möglichkeiten hatten die wenigsten von uns zu Hause, ich jedenfalls nicht.

Wir wurden besonders sportlich enorm gefördert. So durfte ich z.B. aufgrund meiner Leistungen mit zwei andern Jungen unserer Schule 1944 an den Reichsjugendmeisterschaften im Dreikampf im Berliner Olympiastadion teilnehmen, ein unvergessliches Erlebnis. Alle Teilnehmer marschierten über die Wilhelmstraße und in das Stadion ein. Traditionell wurden die Sportler von einem Musikzug begleitet. Ausgerechnet in diesem Jahr war unser Fanfarenzug dazu ausgewählt worden, so dass ich auch noch mit lauter Kameraden im Rücken dort lang marschierte. Das war ein dermaßen erhebendes Gefühl, das war einfach einmalig. Mein ungewöhnliches Geburtsdatum kam mir beim Sport zu Gute, denn Leistungen wurden ja nach Kalenderjahrgängen, nicht nach Schuljahrgängen honoriert. In meiner Klasse waren je zur Hälfte Schüler aus dem zweiten Halbjahr 28 und dem ersten Halbjahr 29. Lief ich im Wettkampf gegen einen aus dem Jahrgang 28 und kam zeitgleich an, hatte ich gewonnen, weil ich ja ein jüngerer Jahrgang war. Das war immer ein kleiner Vorteil für mich.

Auch das Erlernen weiterer Sportarten galt als Teil unserer Ausbildung. In allen Ferien und sogar während der Schulzeit brachen wir zu Kursen und Schulungen auf, wir lernten Segelfliegen, A-, B- und C-Schein, wir fuhren zu einem Skikurs.

Meine Mutter hatte sich gefreut, dass ich zur LBA Wadersloh einberufen worden war - das war wenigstens in ihrer Nähe. Nun kam ich trotz der geringen Entfernung nur selten und immer nur für wenige Tage am Anfang oder Ende jeder Ferien nach Hause, so wie es mit dem jeweiligen Kurs gerade passte. Diese zwei oder drei Tage waren allerdings ganz wichtig für mich, denn ich hatte im Laufe der Zeit immer einen großen Berg Wäsche angesammelt, den ich meiner Mutter mitbrachte. Wir LBA-Schüler waren für unsere Wäsche selber verantwortlich und hatten sie eigenständig zu reinigen. Aber davon verstanden wir Jungs nichts und hatten offen gestanden auch keine große Lust, das zu lernen. Da hangelten wir uns lieber von Ferien zu Ferien durch, sparten an Wäsche und warteten auf den nächsten Heimaturlaub...

Dabei kam es einmal zu einer ganz unangenehmen Situation. Zu Beginn der Ferien hatten die Teilnehmer des Segelfliegerlehrgangs sich in HJ-Uniform und mit Fanfarenspiel beim Bannführer des Bannes Ahlen-Beckum in Ahlen abzumelden, einem beinamputierten Soldaten, der es liebte, uns zu schikanieren. Der befahl uns, unsere Koffer zu öffnen. Das wollte keiner von uns, weil wir nach dem Segelfliegerkurs noch kurz nach Hause fuhren und alle Koffer daher bis an den Rand mit Schmutzwäsche vollgestopft waren. Unsere Weigerung führte dazu, dass wir unter der Aufsicht eines zweiten HJ-Führers zu einem nahegelegenen Sportplatz marschieren und dort strafexerzieren mussten. Ich führte die Gruppe der Waderslohher Schüler, stand daher am Rand und brauchte nicht mitzumachen. Trotzdem lehnte ich diese Art der Behandlung genau wie meine Klassenkameraden ab und hatte mit ihnen vereinbart: „Ich pfeife gleich!“ Das tat ich auch: „LBA Wadersloh, Achtung! Antreten!“ Auf meine Mitschüler konnte ich mich verlassen. Zackig traten sie an, zackig marschierten wir unter den Augen des wütenden Exerziermeisters zum Bann zurück, wo ich furchtbar angeschnauzt wurde, großen Ärger bekam. Aber wir guckten alle ganz unschuldig, hielten zusammen und so passierte zunächst nichts weiter. Als wir aber auf dem Flugplatz Borkenberge, im Dreieck zwischen Lüdinghausen, Coesfeld und Dülmen am Rande der Borkenberge gelegen, ankamen, wo der erste Segelfliegerkurs stattfinden sollte, wurde ich zum Leiter zitiert und gefragt, was denn vorgefallen sei? Der Bannführer bestand auf einer Bestrafung, so wurde ich vom Segelfliegerlehrgang zum gleichzeitig stattfindenden Bordfunkerlehrgang „degradiert". Neidisch lauschte ich abends in den Baracken am Rande des Flugplatzes, in denen wir untergebracht waren, den Erzählungen der anderen, wie sie das erste Mal vom Boden abgehoben waren, was sie dabei empfunden hatte. Zu meinem Glück hatten wir Morsen an HJ-Abenden in der Schule bereits gelernt, so dass der Leiter des Funkerlehrganges mich nach drei Tagen wieder zu der Fluggruppe zurückschickte. Da war ich natürlich heilfroh.

Unser „Flugzeug" war der sogenannte SG 38, Schulgleiter 38. Wie der Name schon sagt, war das gar kein richtiges Flugzeug, das waren in erster Linie zwei Tragflächen, in deren Gestänge ein Sitz und Pedale montiert waren. Es gab keine Schnauze, keine Kanzel oder ähnliches. Vor dem „Piloten" war das Flugzeug zu Ende. Am Rand des Flugplatzes Borkenberge gibt es eine leichte Erhöhung, den „Rauen Hang", auf den mussten wir das den SG 38 mit Hilfe von zwei Seilen hochziehen. Oben wurde er gedreht, der Pilot nahm seinen Platz ein und alle anderen zogen den Gleiter mit Schwung wieder ein Stück den Hang runter, mit zwei V-förmig vom Flugzeug wegzeigenden Seilen, damit es Aufwind bekam. Der Pilot klinkte den Gleiter rechtzeitig aus. Um den A-Schein zu bestehen,

musste man den Gleiter sechzig Sekunden gerade in der Luft halten und sauber landen.
Als ich das erste Mal aufstieg, war das erhebend und beängstigend zugleich. Aber das Hochgefühl überwog. Einmal in der Luft musste man vorsichtig mit Knüppel und Pedalen hantieren, um den Gleiter auszutarieren und sanft wieder nach unten zu dirigieren. Schob man den Knüppel zu weit nach vorne, wurde der Winkel zu steil und man legte eine Bruchlandung hin. Solch einen harten Aufsetzer habe ich auch mal gemacht, zum Glück ohne Verletzungen. Verstauchungen an Steiß oder Rücken waren nicht unüblich, denn der Gleiter bestand ja komplett aus Holz, da war nichts gepolstert. Wir begannen mit dem Aufgehen der Sonne und ruhten nicht eher, als bis es dunkel war. Dabei war es eine ungeheure körperliche Anstrengung, den Vogel immer wieder per Hand und Seil nach oben zu ziehen. Abends waren wir vollkommen geschafft und müde, daran konnte auch die Sonderration von einem oder zwei Eiern, die uns zugeteilt wurde, nichts ändern. Wenn nachts Fliegeralarm kam, mussten wir aus den Baracken raus und über den weiten Flugplatz laufen, auf dessen anderer Seite Schützengräben lagen. In die warfen wir uns hinein und schliefen nicht selten sofort wieder ein, so müde waren wir.
Der Lehrgang für den B-Schein fand auf dem Hohen Meißner in Hessen statt. Das Flugzeug, eine „Grunau Baby“, sah schon eher aus wie ein richtiges Flugzeug, in dem man jedoch nur bis zur Hüfte drin saß, der Oberkörper schaute noch raus. Auf diesem Flugplatz gab es schon eine Winde, die die schwere Arbeit des

Hochziehens übernahm, was die Sache zumindest körperlich wesentlich einfacher machte. Dafür musste man das „Baby“ schon einen längeren Zeitraum in der Luft halten, einen zarten Seitenschwenk ausüben und landen. Weder der Schulgleiter noch das Grunau Baby hatten ein Armaturenbrett, man flog ausschließlich nach Gefühl. Das war auch das Ziel dabei: Man sollte ein Gefühl dafür bekommen, wie man die Schwingen gleichmäßig hielt und in welchem Winkel man zur Landung ansetzte.

Der C-Schein war der höchste, das war ein umfassender Segelflugschein. Der Lehrgang hierzu fand wieder auf dem Flugplatz Borkenberge statt. Diese Prüfung abgelegt zu haben, verschaffte einem Vorteile, wenn man zur Luftwaffe wollte und natürlich wollten wir alle, nachdem wir einmal geflogen waren, nichts anderes mehr. Wenn die ausbildenden Soldaten, meist verwundete ehemalige Flieger, uns schwärmen hörten und von unserem Plan erfuhren, Luftwaffenpilot werden zu wollen, grinsten sie sich eins und dachten sich wohl ihren Teil. Schließlich kannten sie im Gegensatz zu uns den Krieg. Aber flugverrückt waren sie alle, das hatte kein Fronterlebnis ihnen austreiben können.

Der DFS Kranich, in dem wir den C-Schein ablegten, war schon ein komplett geschlossenes Flugzeug, eine elegante Maschine, die mit Armaturenbrett, Tacho, Höhenmeter und anderen Flugüberwachungsinstrumenten ausgestattet war. Nachdem wir sie fliegen konnten, fühlten wir uns schon als halbe Piloten.

Zum Segelfliegen gesellte sich das Skilaufen. In Bad Goisern in Österreich standen wir alle das erste Mal auf Brettern und lernten, die Berge runterzurutschen. Neben der Förderung unserer sportlichen Fähigkeiten sollten wir aber auch Erfahrungen sammeln, wie es arbeitenden Menschen ging, auch das gehörte zur „Ausbildung des kompletten Menschen". Wir arbeiteten auf Zeche Victoria in Lünen und auf Zeche Westfalen in Ahlen. Wir wohnten in Gebäuden, die zu den Zechen gehörten, das waren keine feinen Hotels sondern alles sehr einfach. Wir lagen richtig vor Kohle, das war ja der Sinn der Sache. Und in Lünen ist das Liegen wörtlich zu nehmen. Der Flöz war nicht hoch genug zumStehen, dort musste man die Kohle im Liegen picken. Der Boden war natürlich auch nicht wie mit dem Lineal gezogen, man lag recht verkrümmt auf dem unebenen Gelände und sollte trotzdem mit dem Pickel Kohle lösen. In dieser Haltung ist die Kraft ganz schnell weg, das Durchhalten wird zu einem Härtetest und das sollte es wohl auch sein. Das Einfahren an sich bedeutet ja schon eine gewisse Überwindung, platzängstlich durfte man nicht sein. Das war ich damals zum Glück auch nicht, aber später hat sich eine gewisse Platzangst bei mir entwickelt und ich habe mich immer gefragt, ob sie aus dieser Zeit stammte. Es geht mir heute noch so: Wenn ich in eine Kirche gehe oder einen großen Saal betrete, schaue ich mich als erstes um und vergewissere mich, wo die Ausgänge sind. Wenn ich keine Tür sehen kann, kommt Beklemmung auf.

Nach den Erfahrungen in Lünen kamen uns die Flöze in Ahlen geradezu großzügig vor, man konnte aufrecht stehend arbeiten. Jeweils zwei Wochen arbeiteten wir im Abstand von einem Jahr auf den beiden Zechen. So viele Kurse und Extraeinsätze waren gar nicht in unseren Ferien unterzubringen, aber da sie als Teil der Ausbildung galten, wurde es akzeptiert, wenn ein Teil davon in die Schulzeit fiel.

Da unsere Ferien weitestgehend ausgebucht waren, musste ich auch auf den geliebten Urlaub bei Oma in Oelde verzichten, aber ich ließ es mir nicht nehmen, sie im Sommer 44 wenigstens für zwei, drei Tage zu besuchen. Ich musste ja auch Mutters Birnen besorgen… Ich fuhr mit dem Fahrrad. Die Autobahn A 2 war damals schon fertig, aber noch nicht oder zumindest noch nicht überall für den Verkehr freigegeben. Sie verlief einen Kilometer von Omas und Opas Bauernhof entfernt an Oelde vorbei. Ich fuhr über Vorhelm Richtung Autobahn, schlich mich über die Böschung mit meinem Rad, Koffer für die Birnen auf dem Gepäckträger, auf die Autobahn und radelte los. Das war ein zügiges Vorankommen, anders als auf den kleinen Straßen und Feldwegen! Weit und breit niemand außer mir zu sehen, ganz allein düste ich Oma entgegen und fühlte mich als König der Autobahn. Plötzlich tauchten zwei Lightnings vor mir auf, vollkommen unverwechselbar mit ihren doppelten Leitwerksträgern. Zunächst dachte ich mir gar nicht so viel dabei und schaute eher interessiert nach oben, aber plötzlich fingen die an, mich zu beschießen! Die Patronen rutschen über den Beton, das war ein ganz irres Geräusch, das mir zusätzlich Angst einjagte. Ich bin holter di polter die Böschung runter mit dem Fahrrad, wo war der nächste Hügel, mich dran geklammert. Ich hatte im Leben nicht damit gerechnet, dass die auf mich einsamen Radfahrer schießen würden.

In Wadersloh haben wir vom Krieg selber zunächst nicht viel mitbekommen. Wir hatten häufig Luftalarm, meist wenn feindliche Verbände im Anflug auf Münster, Rheine oder Bielefeld waren, denke ich, aber Bomben fielen bei uns keine. Es gab auch keinen Keller oder sonstigen Schutzraum. Bei Fliegeralarm verließen wir das Haus und sammelten uns auf der anderen Seite der großen Wiese, um möglichst weit vom Gebäude entfernt zu sein. Einmal sahen wir, wie ein feindliches Flugzeug am Himmel in Flammen aufging und brennend abstürzte, etwa vier oder fünf Kilometer von uns entfernt. Eine Gruppe von uns lief ja ohnehin an etlichen Abenden noch eine Runde von etwa zwölf Kilometern. An diesem Abend änderten wir, ohne das großartig miteinander abstimmen zu müssen, selbstverständlich die Richtung. Das wollten wir uns doch zu gerne aus der Nähe ansehen. Die Absturzstelle musste Richtung Liesborn liegen und tatsächlich fanden wir auf dem Weg dorthin, vor allem auf der Trasse der WLE, jede Menge unbenutzter Bordmunition, noch mit Zündern vorne dran. Wir waren ganz stolz auf unsere Trophäen und stellten die dicken Patronen als Schmuck zwischen unsere Kleiderstapel. Am nächsten Tag, ich hantierte gerade an meinem Spind, ertönte plötzlich an einem der Waschbecken in meinem Rücken ein Riesenknall, vielleicht fünf Meter von mir entfernt. Ein Mitschüler von mir fiel zu Boden, das Blut strömte nur so aus seinem Oberschenkel. Erst standen wir alle in Schockstarre, aber dann rannten einige runter, einen Krankenwagen alarmieren, andere, darunter auch ich, versuchten, das Bein mit Handtüchern zu umwickeln. Unser Klassenkamerad hatte wohl versucht, die Spitze einer der Bordpatronen, in der sich das Pulver, Ecrasit, befand, abzuschrauben[15]. Die Patrone war explodiert und hatte sein Bein aufgerissen, die Hauptschlagader zerrissen, wir hatten keine Chance, die Blutung zu stillen. Er lebte noch, als der Krankenwagen eintraf, starb aber auf dem Weg ins Krankenhaus. Das war ein solcher Schock für uns, diesen beliebten und allseits geschätzten Kollegen zu verlieren, daran konnte auch die pompöse Trauerfeier mit allem Brimborium, die in der Schule stattfand, nichts ändern. Wir „Übriggebliebenen" hatten das Gefühl, noch stärker zusammenhalten zu müssen, das hat uns richtig zusammengeschweißt.

---

[15] Solche tragischen Unglücksfälle traten in einer Häufung auf, dass sich der Oberpräsident der Provinz Westfalen kurz vor diesem Geschehen bewogen gefühlt hatte, in einem Schreiben „An alle mir unterstellten Höheren Schulen und Lehrerbildungsanstalten meines Amtsbereichs" mit der Bitte, die Schüler im Unterricht von dem Inhalt des Schreibens in Kenntnis zu setzen, darauf hinzuweisen, dass nach Luftangriffen gefundene Munition nicht berührt, mitgenommen und gesammelt werden dürfe, da „wiederholt schon vor dem Berühren, Zerlegen, Abbrennen und Aufbewahren von Blindgängern oder Teilen feindlicher Abwurfmunition gewarnt worden" sei. „Trotzdem verunglücken aber immer wieder Volksgenossen, auch Kinder, durch unbefugtes hantieren mit diese Munition schwer, manchmal sogar tödlich." (Quelle: StA MS Prov. Schulkollegium Lehrerbildungsanstalten Nr. 1)

„Das war einfach unvorstellbar brutal."
Kriegserlebnisse 1943-45

Auch wenn in Wadersloh keine Bomben fielen, hieß das nicht, dass wir von den Auswirkungen der Kampfhandlungen unberührt blieben. Alles andere als das. Nach wenigen Monaten wurden wir zu unserem ersten „Katastropheneinsatz" herangezogen, das war nach einem der ganz großen Bombenangriffe auf Münster, wahrscheinlich nach dem 10. Oktober 1943. Das Gebäude des HJ-Bannes 9 in Münster war stark zerstört worden und hatte auch keine Telefonverbindung mehr. Wir wurden dafür eingesetzt, neue Telefonleitungen zu legen, Leitungen, wie sie auch an der Front verwendet wurden. Den Umgang mit diesen Feldleitungen hatten wir, ebenso wie Morsen, bei HJ-Abenden in der Schule gelernt und auch geübt, indem wir Leitungen von einem Ende des Sportplatzes zum anderen verlegt hatten. Da war die Situation in Münster doch eine ganz andere, die Strecken waren wesentlich weiter und bestanden nicht aus gepflegtem Rasen, sondern aus Trümmerbergen und Ruinenresten. Das war unser erster Katastropheneinsatz und als wir sahen, was alles zerstört war, ballten wir die Fäuste in der Tasche und empfanden eine unglaubliche Wut auf die Engländer oder Amerikaner, die das angerichtet hatten. Dabei wurden wir nur mit Sachschäden konfrontiert, Tote bekamen wir nicht zu Gesicht, die waren offensichtlich schon geborgen oder lagen tief unter den Trümmern, aber damit haben wir uns nicht beschäftigt, das war nicht unsere Aufgabe. Wir zogen unsere Leitungen durch den Schutt und wo wir eine noch befahrbare Straße querten, deckten wir sie entsprechend ab. Nach einem oder zwei Tagen waren wir wieder in Wadersloh.

Unvergleichlich viel Schlimmeres sahen wir einige Wochen später in Kassel. Was wir dort gesehen haben, kann man kaum beschreiben und sich auch nicht vorstellen. Offensichtlich hatte es in Kassel wenig Bunker gegeben, so dass die Bevölkerung Schutz in ihren Kellern gesucht hatte. Und da waren unheimlich viele bei einem besonders schweren Bombenangriff verbrannt oder erstickt.[16] Das kann man sich nicht vorstellen: Diese Menschen standen noch als Leichen in Gruppen hinter der Kellertür, zusammengeschrumpft, viel kleiner geworden. Wir wurden in mehrere Trupps aufgeteilt, jeder Trupp wurde von einigen Wehrmachtssoldaten begleitet. Die Soldaten öffneten

---

[16] Am 22.10.1943 wurde Kassel von insgesamt 569 Bombern angegriffen, die ihre tödliche Fracht, neben Sprengbomben und Luftminen vor allem 420.000 Stabbrandbomen, in einer sogenannten Fächertaktik in einem Viertelkreis um den Martinsplatz abwarfen, um die Zerstörungen zu maximieren. Innerhalb von 22 Minuten fiel die gesamte mittelalterliche Innenstadt dem Angriff zum Opfer. Da die Gebäude zum großen Teil Fachwerkhäuser waren, entwickelte sich in Flächenbrand, der zu einem Feuersturm wurde. 97 % der Altstadtgebäude wurden eingeäschert. Man geht heute von 7000 Toten aus, die in den Kellern der brennenden Häuser erstickten oder verbrannten. Quelle: http://de.wikipedia.org/wiki/Luftangriff_auf_Kassel_am_22._Oktober_1943

die Türen, manchmal mussten die regelrecht gesprengt werden, und unsere Aufgabe war es, die Leichen zu bergen. In den ersten Kellern zeigten uns die Soldaten noch, wie wir am besten vorgehen sollten, machten uns auf Gefahren aufmerksam, danach waren wir auf uns gestellt. Erstickte Menschen trugen wir durch die immer noch qualmenden und rauchenden Trümmer, aus denen immer mal wieder Flammen aufflackerten, zum nächstmöglichen Straßenrand und legten sie nebeneinander auf den Boden. Die Wehrmacht fuhr mit Lautsprecherwagen durch die Stadt: „Bürger von Kassel, identifiziert eure Toten!“
Leichen von Menschen, die vollständig verbrannt waren, fielen zusammen, wenn man sie anfasste. Wir bekamen Decken und lernten eine Technik, wie man die zusammenfallende Leiche mit der Decke auffing. An diesen Toten war nichts mehr zu identifizieren, die trugen wir direkt zu Wehrmachts-LKWs, wo wir sie in die Decke geschlagen abluden.

Wir waren vierzehn Jahre alt.
Unsere einzige Ausrüstung bestand aus einem Paar Handschuhe.
Das ist mir unglaublich schwer gefallen.

Überall die Trümmer, es brennt noch an vielen Stellen, es qualmt, es riecht… Aber Nein sagen gab es nicht, die Aufgabe musste erledigt werden und war uns übertragen worden. Gerüchte machten die Runde: Es seien angeblich auch Bomben mit Zeitzündern abgeworfen worden, die könnten jeden Moment hochgehen. Ohnehin lagen ja reichlich Blindgänger im Schutt, die man durch die leiseste Bewegung auslösen konnte. Und die größte Gefahr bestand natürlich darin, dass einer der Keller, in denen wir uns aufhielten, zusammenrutschte, das waren ja alles nur noch Ruinen. Ein Keller, der zusammenrutschte, eine übrig gebliebene Mauer, die umfiel, vor diesen Gefahren waren wir gewarnt worden, aber es nutzte ja nichts, die Aufgabe musste erledigt werden. Angst und Unsicherheit waren unsere ständigen Begleiter. Die Soldaten, die uns die Keller öffneten, befragten auch Überlebende und versuchten anhand von ihren Angaben, Listen der nicht mehr identifizierbaren Toten zu erstellen.

Abends brachten uns ein paar Wehrmachts-LKWs nach Kassel-Wilhelmshöhe, wo wir in einem schlossähnlichen Gebäude schlafen sollten. Ich erinnere mich noch, wie jemand in diesem Quartier mit heißgemachten Würstchen auf uns zukam – mir drehte sich der Magen um. Keiner von uns konnte an diesem Abend etwas essen. Einige Tage haben wir in dieser qualmenden Trümmerwüste Leichen geborgen. In Münster waren wir wütend gewesen, als wir die kaputten Häuser gesehen hatten, wütend auf die Engländer und Amerikaner. Hier, die Toten vor Augen, waren wir nur geschockt und empfanden eine grenzenlose Trauer. An den Gegner dachten wir zumindest in dem Moment gar nicht mehr.

Zurück in der Schule in Wadersloh, im Kontakt mit jenen Mitschülern, die nicht dabei gewesen waren, verblassten die Schreckensbilder mit der Zeit, auch wenn keiner von uns sie wohl jemals vollständig vergessen konnte, und der Appetit kehrte zurück. Dazu trug auch bei, dass wir in den kommenden Monaten nicht unmittelbar mit den Auswirkungen des Krieges konfrontiert wurden.

Vielleicht lag es an unseren Erfahrungen, dass wir nun aufmerksamer hinhörten, wenn die Frontberichterstattung gesendet wurde, der Krieg war uns näher gekommen. Vielleicht lag es aber auch daran, dass der Tenor der Nachrichten sich änderte. Statt ständiger Siegesmeldungen hörte man von „Frontbegradigungen", taktischen Rückzügen und ähnlichem. Die Lehrer machten sorgenvolle Gesichter. Wir befürchteten zu diesem Zeitpunkt noch nicht, dass Deutschland unterliegen könnte, das war für uns vollkommen unvorstellbar. Aber wir fieberten mit unserem Land mit, wir hörten doch täglich, wie glorreich Deutschland war, wie wertvoll der arische Mensch und all das glaubten wir natürlich, kam es doch aus dem Mund der Lehrer, die wir so schätzten und zu denen wir ein gutes Verhältnis hatten. Deutschland durfte nicht untergehen, das war unsere tiefe Überzeugung, unser tiefer Glaube. Dazu wollten wir beitragen, was in unseren Kräften stand. Ich denke, es muss im Herbst 1944 gewesen sein, als wir beschlossen, uns freiwillig zu melden, geschlossen, alle zusammen. Wir dachten in unserem jugendlichen Enthusiasmus, wir könnten den Krieg noch drehen, da was reißen, den Endsieg mit herbeiführen. Das glaubten wir wirklich, unsere Meldung war vollkommen freiwillig, es steckte kein Zwang dahinter. Wir beauftragten einen aus unserem Kreis, das Wehrertüchtigungsamt anzuschreiben und mitzuteilen, dass wir uns alle freiwillig zur Luftwaffe meldeten. Eine gehörige Portion Abenteuerlust und der Wunsch, weiterhin fliegen zu können, mögen dabei durchaus eine Rolle gespielt haben...

Auf unsere Meldung erhielten wir nicht mal eine Antwort, wir waren ja im Prinzip auch noch kleine Jungs, 15 und 16 Jahre alt und noch nicht einmal gemustert. Im Januar 1945 kam dann aber doch jemand vom Wehrertüchtigungsamt nach Wadersloh. Wir trafen uns mit ihm in einem Café im Ort. Dort teilte er uns mit, unsere Meldung zur Luftwaffe sei „zur Zeit nicht durchführbar". Klar, bis wir ausgebildet gewesen wären, wäre der Krieg vorbei gewesen, aber das wollte er natürlich nicht so deutlich sagen und uns war das damals auch nicht bewusst. Wir würden aber an anderer Stelle dringend gebraucht, fuhr er fort und wies uns geschlossen der Infanterie zu.

Mir fiel die Aufgabe zu, unsere freiwillige Meldung in der Schule bekanntzugeben. Am meisten Vertrauen hatten wir zu Lehrer Puschmann, daher wandte ich mich zunächst an ihn. Begeistert war er nicht. Viele von uns waren noch 15, einige, darunter auch ich, gerade erst 16 geworden. Zudem befanden wir uns mitten im Schuljahr und in der Ausbildung. Aber grundsätzlich bejahten sie unseren Einsatz natürlich und so wurden wir Ende Januar entsprechend verabschiedet. An unseren letzten Abend in der Schule erinnere ich mich noch, an die besondere Stimmung, die da

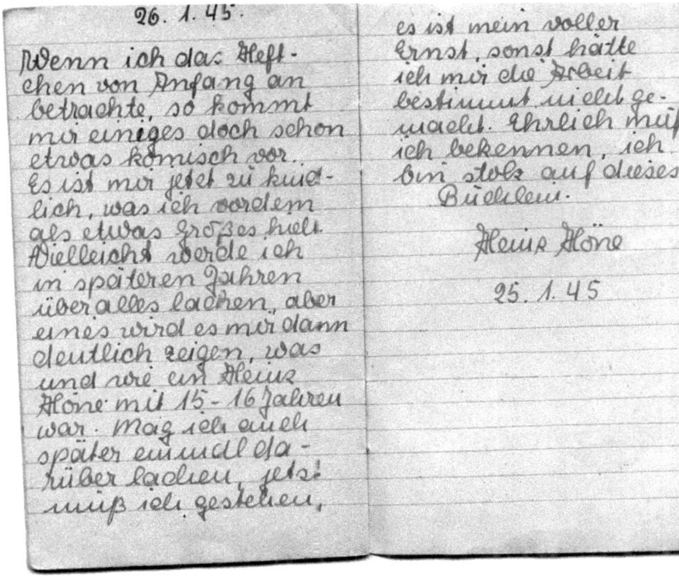

26. 1. 45.

Wenn ich das Heftchen von Anfang an betrachte, so kommt mir einiges doch schon etwas komisch vor. Es ist mir jetzt zu kindlich, was ich vordem als etwas großes hielt. Vielleicht werde ich in späteren Jahren über alles lachen, aber eines wird es mir dann deutlich zeigen, was und wie ein Heinz Höne mit 15-16 Jahren war. Mag ich auch später einmal darüber lachen, jetzt muß ich gestehen, es ist mein voller Ernst, sonst hätte ich mir die Arbeit bestimmt nicht gemacht. Ehrlich muß ich bekennen, ich bin stolz auf dieses Büchlein.

Heinz Höne

25. 1. 45

Letzte Eintragung vor dem Abmarsch ins Soldatenleben. Ich bin gerade 16 Jahre alt geworden.

herrschte. Unsere Lehrer gaben uns manchen Rat mit auf den Weg, während wir vollkommen euphorisch waren, dass wir nun auch endlich unseren Teil zum Endsieg beitragen durften.

Ich hatte bei einem meiner letzten Kurzaufenthalte zu Hause verkündet, dass ich mich am liebsten freiwillig melden würde, worauf meine Eltern mich nur gefragt hatten, ob ich verrückt geworden war. Begeistert waren sie daher nicht, als ich nun nach Hause kam und mitteilte, dass ich eingezogen worden war und mich zwei Tage später in einer Kaserne in der Nähe von Dülmen zu melden hatte. Alles andere als das. Bei ihnen herrschte Weltuntergangsstimmung, die meine Euphorie jedoch kaum beeinträchtigen konnte. Mein Vater war mittlerweile zum Volkssturm eingezogen und dazu eingeteilt worden, bei einem eventuellen Vormarsch feindlicher Truppen eine Panzersperre, die am Ortseingang von Sendenhorst zwischen Krankenhaus, Friedhof und Sportplatz aufgebaut worden war, zu aktivieren. Dabei handelte es sich um zwei riesige Rohre, die oberhalb der Straße verkeilt worden waren und im Ernstfall auf die Straße gerollt werden sollten.

Meine Zeit bei der Wehrmacht war, den immer chaotischer werdenden Zuständen in Deutschland geschuldet, wirr und von ständigen Verlegungen, Truppenverschiebungen usw. gekennzeichnet, die ich nicht durchblickte. Ich kann daher keine chronologische Schilderung mit genauer Orts- und Zeitangabe mehr geben, das ist eher eine Zeit, die in meiner Erinnerung sehr zusammenläuft und aus der nur einzelne Erlebnisse herausragen.

In einer Kaserne, ich meine in der Nähe von Dülmen, wurden wir eingekleidet und bekamen Soldbücher und Waffen ausgehändigt. Die Waffen waren nicht die neuesten, wie wir zu unserem Kummer feststellen mussten. Auch bekamen wir keine vollständigen Uniformen. Unsere Schul-/HJ-Uniformen, die ja schon recht militärisch aussahen, wurden lediglich durch einige Teile, Stahlhelm usw. ergänzt. Bis auf vier oder fünf Mitschüler, die anderen Einheiten zugeteilt wurden, waren wir alle zusammengeblieben und wurden nun einer SS-Division unterstellt. Unser „Spieß“, der sich von nun an um uns kümmerte, gehörte dieser Einheit an.

Nach einigen Tagen wurden wir in eine Kaserne in Lünen verlegt, wo wir mit den üblichen militärischen Inhalten konfrontiert wurden: Exerzieren, Schulungen, Schießübungen. Wir wurden „geschliffen“: „Hinlegen, auf, hinlegen, auf.“ Wir sahen ein, dass es im Ernstfall notwendig, lebensnotwendig war, schnell aus der Schusslinie zu kommen und empfanden das Schleifen daher als berechtigt, auch wenn man es deswegen nicht unbedingt lieber tat. In dieser Kaserne beobachtete ich aber auch zum ersten Mal dieses sinnlose, übertriebene Schleifen, das in meinen Augen sadistischen Charakter hat. Ich war zum Glück nie davon betroffen. Ich wurde zum Gruppenführer „ernannt“, nicht in einem großartigen Akt sondern eher nebenbei. Die anderen waren es gewöhnt, sich mit ihren Anliegen an mich zu wenden, da ich Kameradschafts- und Unterführer gewesen war. Das beobachtete der Spieß und übertrug meine Stellung auf die Wehrmacht: „Höne, nehmen Sie die Gruppe mit.“ Das war meine Ernennung. Wir wurden an der Panzerfaust ausgebildet, lernten, wie man sie auf der Schulter ausbalancierte, zielte, abdrückte. Irgendwann wurden wir auf LKW verladen, wieder verlegt und von unserem neuen Standort aus nach Dresden gefahren. Das war nach dem verheerenden Terrorangriff auf diese Stadt und unsere Aufgabe war die gleiche wie vor einem guten Jahr

in Kassel. Das heißt aber nicht, dass wir daher auf das vorbereitet waren, was wir zu Gesicht bekamen. Das ist man wohl nie.
Auch hier hieß es, die an Rauchgas erstickten Menschen zur Identifizierung an Straßenrändern auszulegen und verbrannte Menschen direkt auf Wehrmachts-LKW zu laden. Nur gab es hier keine Straßenränder mehr, an denen man Tote in Reih und Glied hinlegen konnte. Straßen in dem Sinne gab es gar nicht mehr. Wir legten die Leichen daher aus, wo wir eine freie Ecke fanden. In Dresden war der Anteil verbrannter Menschen unter den Toten größer, als er in Kassel gewesen war, aber es wurde, so wie ich das mitbekommen habe, trotz der immensen Zahl der nicht mehr identifizierbaren Toten nicht mal der Versuch unternommen, ein Namensverzeichnis zu erstellen, nachzufragen, wer in diesem oder jenem Haus gelebt und sich wahrscheinlich im Keller befunden hatte. Jeder, der sich im Umfeld bewegte, gehörte der Feuerwehr oder solchen Bergungstrupps, wie wir einer waren, an. Dresdner Bürger waren entweder tot oder geflohen. Die wenigen, die wir zu Gesicht bekamen, waren so verwirrt, dass sie im Rahmen der Bergung oder Identifizierung nicht zu gebrauchen waren.
Wie lange wir hier eingesetzt waren, weiß ich nicht mehr, auf jeden Fall länger als in Kassel.[17]

---

[17] Wegen der Seuchengefahr hatten die Behörden ein großes Interesse daran, möglichst rasch alle Toten zu finden. Man geht davon aus, dass bereits Ende März 1945 80% der Bombenopfer geborgen waren.

Ich glaube, wir waren alle heilfroh, als wir aus Dresden abrückten, auch weil dadurch die Wahrscheinlichkeit, an die Front zu kommen, stieg. Schließlich wollten wir doch zum Endsieg beitragen und alles, was auf uns zukam, konnte nur besser sein als das, was wir in Dresden erlebt hatten. Das war einfach unvorstellbar brutal.

Meine erste und einzige Frontberührung fand ausgerechnet im Tiergarten in Wolbeck, ganz in der Nähe meiner Heimat statt. Dort, wo die Trasse der Westfälischen Landeseisenbahn parallel zur Landstraße nach Albersloh führt, wurden wir in einem großen Waldstück stationiert. Es wurde uns gesagt, dass amerikanische Panzer versuchen würden, hier auf der Straße vorzurücken, und dass wir das um jeden Preis verhindern müssten. Um jeden Preis! Die Situation war schon so chaotisch, dass wir die allgemeine Gefechtslage nicht mehr durchschauten und auch nicht wussten, warum unser Einsatz so wichtig sein sollte, aber es wurde uns immer wieder eingeschärft, dass die Panzer auf gar keinen Fall passieren durften.[18] Eigentlich

[18] Amerikanische und britische Einheiten bewegten sich damals aus westlicher und östlicher Richtung aufeinander zu und drohten, mit einer Zangenbewegung das Ruhrgebiet in dem sich noch mehr als 325000 deutsche Soldaten befanden, einzukesseln. Die Schließung dieses Kessels sollte unter allen Umständen verhindert werden, damit diese Kräfte noch aus dem Ruhrgebiet rausgezogen und anderswo eingesetzt werden konnten. Es gelang den Alliierten jedoch, den Kessel am Ostersonntag, 1.4.1945, bei Lippstadt zu schließen.

waren wir für genau solche Einsätze ausgebildet worden, denn die Panzerfaust war die einzige Waffe, die wir einigermaßen beherrschten. Nun stellte sich aber heraus, dass es diese schon gar nicht mehr gab, wir mussten mit dem Vorgänger, dem Panzerschreck, vorlieb nehmen. Der Panzerschreck wurde im Volksmund auch „Ofenrohr“ genannt, weil er so viel dicker und auch ungleich schwerer war, als die Panzerfaust. Trotzdem war die Durchschlagkraft geringer. Nach jedem Schuss musste man die schwere Waffe von der Schulter nehmen und nachladen. Einige von uns hatten Panzerschrecks, andere Maschinengewehre. Von unserer Stellung aus konnten wir die Straße einsehen, ohne selber gesehen zu werden. Wir warteten auf das vertraute Dröhnen und Rasseln, das das Näherrücken der Panzer ankündigen würde. Ich balancierte den Panzerschreck immer neu auf meiner Schulter, möglichst weit hinten, damit der Feuerstoß hinter mir blieb.

Endlich tauchten die riesigen Gefährte auf. „Abwarten“, mahnte der Spieß, „rankommen lassen.“ Dann kam der Feuerbefehl. Wir trafen zwei Panzer, bevor die amerikanischen Soldaten begannen, sich zu wehren und wie wild zu „mähen“, also mit Maschinengewehren die Gegend, aus der der Angriff kam, flächendeckend zu beschießen. Da schmeißt man sich auf den Boden und hofft, dass die Schüsse über einen weggehen, über alle weggehen und robbt zurück, tiefer in den Wald. Nach einer Weile verebbte das Knattern der Maschinengewehre. Noch später wagte ich es, den Kopf vorsichtig hochzunehmen. Ich sah, dass zwei

meiner Klassenkameraden, Mitglieder meiner Schar, nicht mit uns zurückgekrochen waren.
Sie hatten es nicht geschafft.

Da lagen nun meine Freunde, dahinter standen die Panzer, im Moment schossen die nicht, aber sie konnten jeden Moment, sobald sie eine Bewegung wahrnahmen, wieder anfangen zu mähen. Tote lässt man nicht liegen, das ist ein Ehrending. Das tut man nicht. Also mussten einige vorgehen und die Kameraden holen und da ich die Gruppe führte, musste ich mit vor. Ob ich wollte oder nicht.

Panzerfaust oder Panzerschreck sind sogenannte panzerbrechende Waffen, sie durchschlagen die Stahlwand und explodieren im Inneren. Das geht mir oft durch den Kopf. Sind damals noch Soldaten aus den getroffenen Panzern rausgesprungen? Ich habe keine gesehen. Das beschäftigt mich seitdem. Aber dieser Gedanke kommt erst im Nachhinein. In der Situation beherrschte mich die Frage: „Wer überlebt, die oder ich?“

Danach herrschte Katastrophenstimmung bei uns. Zwei abgeschossene Panzer hatten natürlich nicht gereicht, den Vormarsch zu stoppen, meine beiden Klassenkameraden waren tot, wir wollten nur noch weg. Wir sahen, dass die Panzer Richtung Albersloh und Sendenhorst fuhren, also schlugen wir uns etwas weiter nördlich im Raum Warendorf nach Osten durch, zunächst Richtung Rheda, dann Bielefeld. Unser Ziel war die Senne bei Paderborn, das große Truppenübungsgelände, wo unser Spieß wahrscheinlich hoffte, auf größere Einheiten und Verbände zu treffen. Die Zeit bis Bielefeld war wirr, regelrecht Chaos. Das war im Grunde genommen Flucht[19]. Unser Hauptaugenmerk lag darauf, als Gruppe zusammenzubleiben, das hatten wir uns geschworen. Deswegen war ich im Tiergarten auch nicht abgehauen, obwohl ich praktisch vor unserer Haustür war. Aber wir hatten diesen Zusammenhalt und der Spieß sorgte auch weiterhin für uns. Mal schliefen wir in Scheunen, mal übernachteten wir im Wagen, was die Situation gerade hergab. Bislang hatten wir meist irgendwo Verpflegung gefunden, irgendwo war eine Feldküche aufgebaut gewesen oder es wurde Essen ausgegeben. Aber auch diese Struktur war zusammengebrochen und wir nahmen, was wir bekommen konnten. Die Bauern gaben eigentlich immer was. Vielleicht hing diese Hilfebereitschaft damit zusammen, dass wir so jung waren. Nach und nach bewegten wir uns aber immer stärker durch bereits von den Alliierten besetztes Gebiet, in dem zahlreiche frisch befreite Zwangsarbeiter ihr Unwesen trieben. Teils aus Hunger, teils aus Rachgelüsten klauten und räuberten die vor allem auf Bauernhöfen, nichts war vor ihnen sicher. Einige waren auch

---

[19]Die Münstersche Zeitung meldet am 12.10.1948, dass eine Polizeistreife im Tiergarten fünf Panzerfäuste, zwei Panzerfaustköpfe und eine Trommelmit Maschinengewehrmunition gefunden habe. Wohlmöglich sind dies die Überreste des damaligen schnellen Rückzugs.

bewaffnet, das war eine insgesamt sehr unruhige und unsichere Situation. Da waren die Bauern geradezu froh, wenn wir kamen, wir bedeuteten ja Schutz für ihren Hof.

Nachdem wir in Wolbeck mit unserem Vorhaben, den amerikanischen Vormarsch zu stoppen gescheitert waren, merkten wir allmählich: Wir haben verloren. Wir haben keine Chance mehr. Unsere Euphorie hatte sicherlich auch darunter gelitten, dass wir das erste Mal Kampfhandlungen an der Front erlebt hatten. Das war weit von dem entfernt, was man sich vorher so vorstellte.
Ich habe nie in Frage gestellt, dass ich mich freiwillig gemeldet habe. Wir brannten vor Begeisterung und Glaube an Deutschland, das bewegte uns. Bei mir spielte auch ein gewisses Dankesgefühl eine Rolle. Ich hatte gerade eineinhalb Schuljahre erlebt, die man sich nicht schöner wünschen konnte. Und was mir alles geboten worden war! Ich hatte das Gefühl, diesem Land und vor allem auch den Lehrern, die uns ja so von Deutschland vorschwärmten, etwas zurückgeben zu wollen.
Aus dieser meiner damaligen Situation heraus finde ich es heute noch verständlich, dass ich mich freiwillig gemeldet habe. Ob die Erwachsenen um uns herum das hätten zulassen dürfen, ist allerdings eine andere Frage. Die Lehrer, die Zuständigen beim Militär. Dieser Vorwurf geht nicht an die Soldaten, auf die wir trafen, unsere Einheit, unser Spieß, das waren tolle Männer, die gut für uns gesorgt haben. Aber dieje-

nigen, die die Entscheidung treffen, 15-, 16jährige Jungs einzuziehen, die trifft man ja auch nicht an der Front.

Eines Tages, die Nachricht, dass das Truppenübungsgelände Senne wohl schon länger eingenommen war[20], hatte sich bis zu uns rumgesprochen, kam der Spieß zu uns und sagte: „Jungs, es ist vorbei. Es hat keinen Zweck mehr. Geht nach Hause. Ich gebe euch einen guten Rat: Ihr habt HJ-Uniformen an, schmeißt alles weg, was militärische Ausrüstung ist. Vor allem: Vernichtet eure Soldbücher. Geht höchstens zu zweit, wenn euch jemand anspricht, sagt, ihr kommt aus der Kinderlandverschickung nach Hause. Ihr wollt doch nicht noch in Gefangenschaft landen, oder? Prägt es euch ein: Ihr seid keine Soldaten, ihr seid Hitlerjungen."

Und so haben wir es dann auch gemacht. Ich weiß nicht mehr, was in dem Moment überwog, die Erleichterung oder die Enttäuschung. Ich glaube, wir konnten alle nicht mehr klar denken. Auf jeden Fall wollten wir erstmal nur noch nach Hause, und zwar möglichst schnell. Aber wie? Ich tat mich mit Franz Piasecki zusammen. Viele der befreiten Zwangsarbeiter hatten sich mittlerweile Fahrräder „organisiert" und fuhren damit durch die Gegend. Wir hielten zwei von ihnen an, schubsten sie von ihren Rädern und rasten davon. Wir wussten, dass wir schnell sein mussten,

---

[20] Das Truppenübungsgelände Senne ist am 3.4.1945 besetzt worden.

wir durften es auf gar keinen Fall auf einen Kampf ankommen lassen, denn die waren kräftiger als wir. Aber wir waren schnell.
Wir schlugen uns zunächst bis Rheda durch, weil uns die Gegend von dort aus nicht mehr ganz unvertraut war, und fuhren anschließend von Rheda nach Oelde. Im Ort wurden wir von zwei belgischen Soldaten einkassiert. Ihre Einheit hatte in einer Schule eine Verpflegungsstation für die vielen umherirrenden Menschen eingerichtet, Flüchtlinge, Vertriebene, vor allem aber Zwangsarbeiter. Dort mussten wir zwei Tage lang Kartoffeln schälen. Unsere Räder waren natürlich auch weg. Aber es gelang uns, uns abzusetzen und hinter Oelde einen fahrenden Güterzug zu erklimmen. In der Gegend von Ahlen sprang ich in einem Moment, als der Zug verlangsamte, ab und blickte noch lange Franz Piasecki nach, der aus dem Ruhrgebiet stammte und daher weiter fuhr. Nachdem der Zug nicht mehr zu sehen war, machte ich mich zu Fuß auf den Weg in das elf oder zwölf Kilometer entfernte Sendenhorst. Nach einiger Zeit wurde ich von einem Bauern auf einer Pferdekarre überholt. Den kannte ich doch! Er hatte seinen Bauernhof zwischen Ahlen und Sendenhorst und wurde von allen Kindern nur Onkel Karl genannt. „Onkel Karl, nimmst du mich mit?" - „Wat mäkst denn hier, Jung? Wat mäkst denn hier?"

Und das war ja wohl eine berechtigte Frage.

„Da war keiner, der nicht irgendwie aus der Bahn geworfen war."

Neuorientierung im Chaos der Nachkriegszeit, 1945-1950

Meine Eltern waren heilfroh und überglücklich, als Onkel Karl mich bei ihnen ablieferte. Ihre Erleichterung wich aber rasch der Sorge, ich könnte noch in Gefangenschaft geraten, denn die Belgier fuhren unentwegt mit Lautsprecherwagen durch die Stadt und forderten alle zurückgekehrten Soldaten auf, sich zu melden. Sie verhafteten aber nicht nur Kriegsheimkehrer, sondern auch bekannte Nazis, wie z.B. meinen früheren Lehrer und NS-Ortsgruppenführer Obermeier. Vater und Mutter hatten schon die meisten meiner Urkunden und Zeugnisse verbrannt, alle Unterlagen, auf denen ein Hakenkreuz war. Nun suchten wir gemeinsam den Rest zusammen, Uniformteile, Medaillen und Pokale, und versenkten diese im Schutz der Dunkelheit im Feuerlöschteich am Ende unserer Straße. Das fiel mir alles andere als leicht. Für mich stellten diese Gegenstände und Unterlagen, vor allem auch die Auszeichnungen im Sport, dar, was ich bislang erreicht hatte. Das war doch mein Leben gewesen.
Ich tröstete mich mit dem Gedanken, die Sachen später vielleicht wieder vom Grund des Teiches hochholen zu können. Mein Vater war außerdem der Meinung, es sei gut, mich zunächst einmal möglichst wenig im Ort sehen zu lassen. Ich war Soldat gewesen, ich war auf einer Nazi-Eliteschule gewesen. Alle in

Sendenhorst wussten davon, vor allem von meinem Schulbesuch. Er befürchtete, dass Familien, deren Väter oder Söhne verhaftet worden waren, neidisch darauf werden könnten, dass ich noch frei herum lief, und brachte mich zu seinem alten Klassenkamerad Willi Heimann, der außerhalb des Ortes, Richtung Ahlen, einen recht einsam gelegenen Bauernhof hatte. Da die Erntezeit vor der Tür stand, hatte der Bauer nichts gegen eine mithelfende Hand einzuwenden, zumal er den Hof lediglich mit seiner Frau und zwei Schwestern betrieb und nur einen Melker angestellt hatte. Wohnen wollte ich jedoch nicht bei ihm. Ich war so froh, endlich wieder zu Hause zu sein und auch meine Eltern mochten mich nicht gleich wieder fort lassen. So fuhr ich in den kommenden Monaten morgens in aller Herrgottsfrühe mit dem Rad zum Hof und abends oft erst nach neun Uhr zurück. Da meine Eltern am Südrand des Ortes wohnten, lief ich kaum Gefahr, gesehen zu werden.

Mitte der vierziger Jahre

Obwohl es mir den äußeren Umständen nach zu urteilen recht gut ging, ich bekam reichlich zu essen und mochte die Arbeit auf dem Bauernhof, war das für mich keine schöne Zeit. Ich litt unter meiner Situation. Die Erkenntnis, dass der Krieg und damit alles, woran wir geglaubt und wofür wir gearbeitet hatten, verloren war, traf mich umso härter, weil eine Niederlage für mich einfach nicht vorstellbar gewesen war. Deutschland konnte einfach nicht verlieren, das konnte nicht sein. Dazu musste ich mich benehmen wie einer, der etwas verbrochen hatte: Mich möglichst nicht sehen lassen, Unterlagen verbrennen, überhaupt alle Andenken an eine Zeit, in der ich erfolgreich und glücklich gewesen war, vernichten. Das ging mir sehr nahe. Hinzu kam die Perspektivlosigkeit, in der ich mich selber befand. Wie sollte es mit mir weitergehen? Offensichtlich waren ja alle meine Erfolge, selbst meine Schulleistungen, nichts mehr wert. Selbst später, als ich wieder zu Schule ging und nach vorne blicken konnte, blieb die Trauer über den verlorenen Krieg. Als in den folgenden Jahren langsam in mein Bewusstsein drang, was die Nazis alles verbrochen hatten, Konzentrationslager, Judenvernichtung, all die Gräueltaten, von denen ich nichts geahnt hatte, wurde die Traurigkeit nicht weniger. Ich musste erkennen, dass wir nicht nur verloren hatten, sondern auch noch froh darüber sein mussten. Alles bekam hässliche Kratzer, die guten Erinnerungen, überhaupt die ganze Zeit, die ich doch so schön erlebt habe.

Meine Haupt- und auch Lieblingsbeschäftigung auf dem Hof war das Ackern, weil Bauer Heimann bereits einen Trecker besaß. Darauf zu fahren war natürlich mein ganzer Stolz, oft aber auch mein Untergang schon am frühen Morgen. Dieser Deutz-Trecker war nämlich aufgrund der schweren Böden nicht mit Gummireifen, sondern mit stachelbewehrten Metallrädern ausgestattet, deren scharfe Spitzen sich in den Boden eingruben. Daher konnte man mit ihm nicht über die Straßen fahren, der Trecker blieb immer auf dem Feld stehen. Morgens musste er mit Hilfe von Zündblättchen und einer Kurbel angeworfen werden, was weniger eine Frage der Kraft, als vor allem der richtigen Technik war. Jeden Morgen bangte ich: Hoffentlich klappt das heute, hoffentlich springt der Trecker an. Wenn ich ihn gar nicht ans Laufen bekam, musste ich einen Kilometer zum Hof zurücklaufen und Bauer Heimann holen. Er hatte den Dreh aufgrund seiner langjährigen Übung raus, obwohl selbst er manchmal mehrere Anläufe brauchte. Aber es war mir natürlich unangenehm, ihn zur Hilfe holen zu müssen und die Arbeit blieb auch liegen.

Ich wurde auf dem Hof verpflegt und zwar nicht schlecht! Die drei Frauen des Hofes betüddelten mich geradezu, brachten mir sogar Kuchen zum Feld und blieben auch gerne auf ein Schwätzchen dabei, während ich aß, da sie aufgrund der einsamen Lage ihres Anwesens selten fremde Gesichter sahen. Es gab nur eine einzige Arbeit, nach der ich gesagt habe: „Nie wieder!“ Ich musste mit dem Hengst zum Schmied, er sollte frisch beschlagen werden. Der Schmied schimpfte und grummelte vor sich hin, erklärte mir nicht richtig, was ich tun sollte, wo ich anfassen musste. Klar war, ich sollte den Hinterhuf hochhalten, damit er ein neues Eisen anbringen konnte. Dabei habe ich mich wohl irgendwie ungeschickt angestellt, jedenfalls keilte das Tier aus und schleuderte mich gegen die Wand.

Bauer Heimann brachte auch meiner Familie Getreide, wir hatten die eigene Landwirtschaft, vom Kotten des Bruders meiner Mutter in Oelde kam ab und zu eine Unterstützung und wir hatten ja auch den Laden, der spärlich, tröpfelnd, beliefert wurde. Wir schlugen Holz im Wald und bekamen sogar recht bald wieder Briketts, da der Kohlenhändler ein guter Freund meines Vaters war. Wir litten, was unsere Versorgung mit dem Lebensnotwendigen anbelangte, keine Not. Wir hatten unser Dach über dem Kopf, hatten einander und brauchten nicht zu hungern und zu frieren. Trotzdem war die Zeit unmittelbar nach dem Krieg für alle schwierig. Alle litten unter der allgemeinen Unsicherheit, die durch unberechenbare Besatzungssoldaten, umherstreunende Zwangsarbeiter und eine insgesamt ziemlich rechtlose Situation ausgelöst wurde. Gewalt lag immer in der Luft, das war eine ganz unangenehme Atmosphäre. Harte Schlägereien mit Zwangsarbeitern waren nicht selten. Hinzu kam der stetig anschwellende Strom von Flüchtlingen. Da waren die, die schon während der letzten Kriegsjahre gekommen waren, weil sie in Münster ausgebombt oder aus der Stadt evakuiert worden waren. Diese waren mit großer Hilfsbereitschaft in die Dorfgemeinschaft aufgenommen worden. Nach dem Krieg kamen aber immer mehr Flüchtlinge aus dem Osten. Ihnen gegenüber war die Aufnahmebereitschaft bei Weitem nicht so groß. Das hing zum einen mit der schieren Zahl zusammen. Vor allem aber wurden Misstrauen und Argwohn, die einige der Zwangsarbeiter durch ihr Verhalten geweckt hatten, auf die Ostflüchtlinge übertragen. Ihnen schlug viel Ablehnung entgegen, sie hatten es sehr viel schwerer, in Sendenhorst „anzukommen“, als die ersten Flüchtlinge aus Münster. Sie reagierten darauf verständlicherweise mit Bitterkeit. Insgesamt lebten wir in keiner guten Atmosphäre, die durch meine eigenen trübsinnigen Gedanken nicht gerade aufgehellt wurde.

Was mir über diese triste Zeit hinweggeholfen hat und wodurch ich wieder Anschluss an meine alten Freunde bekam, war der Sport. Nach und nach, vor allem nachdem die Verhaftungswelle in den ersten Wochen nach dem Krieg abgeklungen war, traute ich mich wieder, vorsichtig meine Fühler in den Ort auszustrecken. Der erste, den ich aufsuchte, war natürlich Fritz Saerbeck, dann weitere ehemalige Klassenkameraden von der Volksschule und aus meiner alten Mannschaft. Bald spielten wir wieder nahezu täglich Fußball und ich konnte alles andere darüber für eine Weile vergessen. Im November belebte sich sogar unser Verein wieder, die SG Sendenhorst, so dass wir von da an richtig trainieren konnten.

Während meiner Abwesenheit hatte 1944 in Sendenhorst eine Höhere Schule aufgemacht. Das hing damit zusammen, dass der Schulunterricht in Münster weitgehend eingestellt worden war. Alle Schüler waren zur Kinderlandverschickung gekommen, also mit ihren Schulen in weniger bombengefährdete Gebiete umgesiedelt worden. Etliche Eltern, die ihre Kinder nicht in die Kinderlandverschickung fahren lassen wollten, waren vorrübergehend aufs Land gezogen. Auch Lehrer waren nach Sendenhorst evakuiert worden oder aus ihren zerbombten Häusern hierher geflüchtet. So hatte es sich ergeben, dass einzelne Lehrer und Schüler von nahezu allen weiterführenden Schulen Münsters hier im Ort aufeinander trafen und eine provisorische Schule in Gang brachten, deren Unterricht in allen möglichen Sälen, Kneipen und im Rathaus stattfand. Die vorrückende Front brachte diese Schule wieder zum Erliegen. Diese Schule, eine ganz besondere Schule, weil sie von Mädchen und Jungen gemeinsam besucht wurde, begann Mitte Januar 1946 wieder mit dem Unterricht in den Holzbaracken in der Mühlenkuhle, also am Sportplatz gegenüber dem Krankenhaus. Ursprünglich hatte die HJ-Führung des Bannes 9 diese für sich gebaut, nachdem sie in Münster ausgebombt worden war. Diese Sendenhorster Oberschule war die einzige Schule weit und breit, Münster eingeschlossen, die den Betrieb wieder aufnahm. Ich hörte auf dem Sportplatz davon und war hin- und hergerissen zwischen Hoffen und Bangen. Konnte ich mich da melden? Ich wollte so gerne wieder auf eine Höhere Schule gehen, doch würde diese mich als ehemaligen LBA-Schüler akzeptieren? Außerdem wusste, ich dass ich in Englisch „hinterher hing" und Latein konnte ich fast gar nicht. Ich stellte mich in der Schule vor und wurde prompt nach meiner Vorbildung gefragt. Volksschule und LBA, hmm, die vor mir sitzenden Lehrer verzogen das Gesicht. Dann musste ich auch noch gestehen, dass mir ein bisschen Englisch und ein bisschen mehr Latein fehlten. Zwar hatte mir der Sendenhorster Vikar, der in unserer Nähe wohnte, ein bisschen Nachhilfe erteilt, aber so weit wie die anderen war ich sicherlich noch lange nicht. Der Vikar hatte mir zum Aufnahmegespräch bzw. für eine eventuelle Prüfung den Pons mitgegeben, ein deutsch-lateinisches Wörterbuch, und mich ermuntert, das ruhig zu benutzen. „Das brauchst du auch nicht zu beichten!“ Ich erinnere mich an eine längere Diskussion des Kollegiums darüber, ob ich aufzunehmen und wo ich gegebenenfalls einzuordnen war. Schließlich wurde ich mit all meinen Lücken akzeptiert und in die zehnte Klasse gesteckt. Diese großzügige Entscheidung hing sicher damit zusammen, dass es fast niemanden in meinem Alter gab, der eine ungebrochene Schulzeit hinter sich hatte. Alle hatten kriegsbedingt irgendwo etwas verpasst, aussetzen müssen, verschiedenen Schulen mit unterschiedlichen Angeboten besucht. Wir waren ein solch bunt zusammengewürfelter Haufen, viele Flüchtlinge und Evakuierte, Ausgebombte aus allen Schulen Münsters und Schüler aus allen Orten an der Bahnstrecke, da fiel ich überhaupt nicht auf, auch altersmäßig nicht, obwohl ich mit meinen mittlerweile 17 Jahren für die zehnte Klasse eigentlich zu alt war. Da waren wenige, die ganz glatt durch die Schule gekommen und auch sonst vom Krieg nicht aus der Bahn geworfen worden waren. Ich war bei Weitem nicht der einzige mit Fronterfahrung, wir hatten einige zwei, drei Jahre ältere Kriegsheimkehrer in der Klasse, die jahrelang Soldat gewesen waren; einer von ihnen war beinamputiert. Nachdem ich akzeptiert worden war, kam das nächste Problem auf mich zu: Schulgeld. 20 Reichsmark im Monat mussten berappt werden; diese Summe war ja schon zum Ende meiner Volkschulzeit der Grund dafür gewesen, dass der Besuch einer normalen Höheren Schule nicht in Frage kam. Nach einer Freistelle brauchte ich gar nicht erst zu fragen. In Sendenhorst drängten sich dermaßen viele Flüchtlinge und Vertriebene, dass Einheimische, die ein Dach über dem Kopf und ausreichend zu essen hatten, im Gegensatz zu ihnen verhältnismäßig wohlhabend waren und bei der Vergabe von Freiplätzen nicht berücksichtigt werden konnten. Meine Eltern brauchte ich ebenfalls nicht zu fragen, denn deren finanzielle Situation hatte sich eher verschlechtert; Andeutungen entnahm ich, dass unser Haus aus irgendeinem Grunde verschuldet war und der Kredit sie stark belastete.

Karl Didier, der Fußballobmann unseres Sportvereins und gleichzeitig Inhaber des Kalksandsteinwerkes vor Ort war, bot mir eine Verdienstmöglichkeit an. Dabei kamen mir die ungewöhnliche Struktur unserer Schule und die vielen Provisorien der Nachkriegszeit sehr entgegen. Wir hatten Schüler aus einem sehr großen Einzugsgebiet, bis hin nach Kinderhaus, auf der anderen Seite von Münster. Da der münstersche Bahnhof so zerstört war, fuhr die Westfälische Landeseisenbahn nicht dort, sondern in der Loddenheide, gute zwei Kilometer östlich vom Bahnhof gelegen, ab. Der Weg zu Fuß durch die münstersche Trümmerwüste bis zur Loddenheide und von dort mit der WLE nach Sendenhorst bedeutete für die Fahrschüler, die im Westen Münsters wohnten, nicht selten eine Strapaze von zwei Stunden pro Strecke, eine Anstrengung, die durch die bittere winterliche Kälte, die gerade in diesem Jahr extreme Ausmaße erreichte, mangelnde Kleidung und wenig Essen noch verschärft wurde. Um diese Schüler zu entlasten, wurde unsere Schulzeit auf drei Tage konzentriert. Statt jeden Tag sechs Stunden Unterricht zu haben, hatten wir nun an drei Tagen in der Woche zehn oder elf Stunden. Die anderen Tage konnte ich nutzen, um das Schulgeld zu verdienen. Bei Didiers wurden Kalksandsteine im Akkord produziert. Ich stand vor einem Apparat, in dem Kalk, Sand und Wasser zu Steinen gepresst wurden und musste die fertigen Steine von dort auf ein Trockengestell packen. Immer zwei Steine auf einmal, immer leicht gebückt, mit permanent angewinkelten Händen, um keine Zeit beim Zugreifen zu verlieren, denn das ging im Akkord. Zwei Steine greifen, umdrehen, auf das Trockengestell legen, die nächsten zwei, die nächsten zwei… Das gefüllte Gestell wurde auf Schienen in den Ofen gefahren. Eigentlich wurde jede halbe Stunde gewechselt, dann hatte man ebenso lange Pause. Anders war die Arbeit kaum durchzuhalten, zumal es in der Nähe der Ofen auch brüllend heiß war. Aber ich war häufig zu stolz, mich auswechseln zu lassen, denn als Oberschüler wurde ich von den anderen Arbeitern misstrauisch gemustert und in die Mangel genommen. „Na, ob der Student das wohl aushält?“ - „Ob unserem Studenten nicht gleich die Hände weh tun?“ Solche Sprüche hörte ich ständig und ließ mich davon verleiten, immer schneller und schneller zu arbeiten und die Pausen auszulassen. So kam es, dass ich nach einiger Zeit ganz dicke Handgelenke bekam, deren Bewegung fürchterlich schmerzte. Didier schimpfte mit mir, dass ich mich so hatte anstacheln lassen, und versetzte mich zu den Brennöfen. Dort bestand meine Aufgabe darin, die Trockengestelle nach dem Brennvorgang aus dem begehbaren Ofen rauszuschieben. Das war nicht immer einfach, denn wenn ein Wagen nicht ordnungsgemäß reingefahren worden oder mit dem nächsten zusammengestoßen war, konnte es passieren, dass Steine umkippten, während des Brennvorgangs die Ofenwand berührten und mit ihr verbuken. Dann musste man mit dem Stemmeisen ran, bevor die Wagen überhaupt rausgezogen werden konnten. Das musste schnell gehen, damit der Betrieb nicht aufgehalten wurde und weil man die Bullenhitze, die in dem Ofen herrschte, nicht lange aushielt. Im Kalksandsteinwerk war ich einige Monate und verdiente ganz gut. Trotzdem lockte es mich, als ich auf einem Aushang las, dass die Firma Milke aus Soest für den Bau einer neuen Straße von Tönnishäuschen nach Sendenhorst Hilfsarbeiter suchte. Es ging auf den Sommer zu, das Arbeiten an der frischen Luft schien mir in meinem heißen Ofen fast schon wie Urlaub, also bewarb ich mich. Gesucht wurden Hilfskräfte, die das Teergemisch, das mit einem LKW angeliefert und auf einem Haufen abgekippt wurde, in Schubkarren schaufelten und zu den gelernten und fest angestellten Straßenbauern fuhren, die das Makadam gekonnt verteilten und planierten. Auch hier verdiente ich genug, um mein Schulgeld zu finanzieren, besonders nachdem ich vom Hilfsarbeiter zu einem der Männer aufgestiegen war, die den Teer auf der Straße verteilten. Hinzu kam, dass der Chef jemanden suchte, der den Bauwagen, in dem alle Geräte diebstahlsicher verstaut wurden, am Wochenende betreute. Der musste nämlich abends gesichert werden, d.h. es mussten Petroleumlampen vorne und hinten aufgehängt und angezündet sowie morgens wieder gelöscht werden. Das wurde als Zusatzstunden bezahlt. Auch im Straßenbau war ich recht lange und arbeitete in den Sommerferien Vollzeit. Es war gut, dass ich in der Lehrerbildungsanstalt straffes Arbeiten gelernt hatte, denn meine Woche war immer voll: Schule, Geld verdienen, viele Hausaufgaben, Nachhilfe in Latein, Fußball.

So ist vielleicht auch zu erklären, dass mich zwischendurch eine grundlegende Änderung in unserer Familie vollkommen überraschend getroffen hatte. Eines Sonntags im Mai 1946 war ich nach dem Kirchgang von Nachbarn abgefangen worden: „Heinz, heute frühstückst du mal bei uns!" Ich hatte mich zwar gewundert, war aber brav mitgegangen und hatte mir nichts weiter gedacht. Wir waren damals einfach vollkommen unerfahren, was diese Dinge anging. Meine einzige Entschuldigung ist vielleicht, dass meine Mutter recht kräftig war, so waren die Veränderungen durch eine Schwangerschaft nicht so auffällig gewesen. Es traf mich vollkommen überraschend, als meine Nachbarn irgendwann damit rausrückten, dass ich einen Bruder bekommen hatte, Günther. Ein enges brüderliches Verhältnis entwickelte ich aufgrund des großen

Altersunterschiedes von 17 Jahren nie zu ihm, sondern fühlte mich eher als sein Beschützer.

Der Fußball hat mir den Weg ins Dorf und vielleicht auch in eine unbeschwertere Zeit zurück geebnet. Bald hatte ich in meiner Fußballmannschaft vier richtig enge Freunde. Wir wurden in Sendenhorst nur „Die goldene Fünf" genannt, weil wir uns zu einem Fest des Sportvereins im Saal der Gaststätte Werrig 1947 dementsprechend verkleidet hatten. Es gab nicht die Möglichkeiten, aufwändige Kostüme zu schneidern, aber wir behängten uns alle mit einer Art goldener Lametta und nähten eine goldene Fünf auf die Rücken unserer Jacken. Wir hatten in der Gaststätte einen Tisch auf den Namen der goldenen Fünf reservieren lassen, so entstand dieser Spitzname.

Fußballmannschaft 1946 (v.l., oberste Reihe zuerst: Hermann Schüttelhöfer, Bernhard Heinrichbrummel, ?, Alfons Entrup, Bernhard Hinkämper, Alois Sander, Bernhard Saerbeck, Bernhard Menke, Heinz Höne, Josef Lücke, Alois Greive)

Längst spielten wir nicht mehr nur zusammen Fußball, wir machten alles zusammen. Das waren neben Fritz Saerbeck Hermann Greive, genannt Jesse, nach Jesse Owens, weil er so schnell laufen konnte, Theo Gunnemann, Willi Körkemeier und meine Wenigkeit. Oft mit uns zusammen war auch Paul Moorfeld, der in Sendenhorst als Brennmeister arbeitete, aber aus Dortmund kam. Diese Gruppe offenbarte mir Ende 47, Anfang 48, nachdem ich insgesamt ungefähr eineinhalb Jahre im Steinwerk und Straßenbau gearbeitet hatte, einen einfacheren Weg, Geld zu verdienen. Außer Fritz, der bei der Sparkasse war, arbeiteten alle im handwerklichen Bereich und hatten sich im Lauf der Zeit eine Ausrüstung zum Schwarzbrennen gebaut. Dafür brauchte man einen ausrangierten Essensträger vom Militär, also einen jener Behälter, mit denen das Essen an die Front gebracht wurde. Diesem Behälter wurde eine Spitze angeschweißt, aus der ein dünnes Kupferrohr abging, das auf der anderen Seite in einer Flasche mündete. Das war eigentlich alles, was man an Ausstattung brauchte. Wie man brannte, wusste in Sendenhorst jedes Kind. Die 18 Brennereien im Ort hatten für eine entsprechende Verbreitung gesorgt, Schnapsbrennen gehörte zum Allgemeinwissen. Man brauchte Roggenschrot, Wasser, Hefe und Zucker und musste dieses Gemisch drei Tage im Essensträger gären lassen. Anschließend tropfte der fertige Getreideschnaps aus dem Kupferrohr in die angehängte Flasche. Das war kein Hexenwerk, aber man musste die Einzelteile der Ausrüstung organisieren, jemanden kennen, der einem das Rohr an den Essensträger schweißte und nicht darüber redete, und man brauchte Hefe. Das war fast das Schwierigste. Auf dem Land konnte man wohl an Roggen kommen, Zucker war schon schwieriger, aber Hefe konnte man nur „organisieren“, wenn man einen Brenner kannte. Da kam Paul Moorfeld ins Spiel, der sie als Brennermeister besorgen konnte. Es dauerte nicht lange, bis meine Freunde mir auch so eine Ausrüstung zusammengebaut hatten. Platz war auf unserem verwaisten Dachboden, der so viele Mehlsäcke beherbergt hatte, ja reichlich. Nun hatte ich das Gerät und Hefe, Roggen bauten wir selber an und den Zucker stiftete Mutters Laden – wenn auch ohne ihr Wissen und ihre Zustimmung.

Als ich die ersten drei Flaschen Schwarzbrand fertig hatte, stellte ich sie in Papier gewickelt aufrecht nebeneinander in eine Aktentasche und machte mich auf den Weg zum Hauptbahnhof Münster, wo, wie jeder wusste, der Schwarzmarkt beheimatet war. Ich fuhr mit dem Fahrrad, weil ich mir eine Fahrkarte nicht leisten konnte. Ich hatte die Arbeit im Straßenbau für den „Balkenbrand“ aufgegeben und war vollkommen blank. Umso mehr hoffte ich auf gute Abnehmer.

Das Zentrum des Schwarzmarktes befand sich unten im ehemaligen Kaiserhoftunnel. Der Kaiserhof selber, das Hotel gegenüber dem Bahnhof, war ja ebenso wie dieser vollständig zerstört, aber der Tunnel zwischen den beiden Ruinen existierte noch und wurde stark frequentiert. Ich bot meine Flaschen zurückhaltend an. Noch kannte ich mich gar nicht aus und hatte furchtbare Angst, erwischt und verhaftet zu werden. Natürlich wollte niemand die Ware kaufen, ohne sie vorher verkostet zu haben. Ich ging also mit zwei Interessierten auf das Bahnhofsklo, um sie probieren zu lassen. Ob das ernsthafte Kaufinteressenten waren oder ob die nur auf einen Schluck Schnaps aus waren, weiß ich nicht, das Risiko musste man in Kauf nehmen. Der dritte lobte mich: „Gut gemacht, Junge! Hast du davon noch mehr?“ Ich denke, dass es der unfreiwillig von meiner Mutter gestiftete Zucker war, brauner Rohrohrzucker, der für einen angenehmen Geschmack und einen guten Alkoholgehalt sorgte. Andere Schwarzbrenner kamen da sicherlich nicht so leicht dran. In dem Moment tauchte schon wieder eine Razzia auf. Ich rannte nach hinten raus aus dem Tunnel, rein in die Trümmerlandschaft, denn dorthin konnten die Polizisten mit ihren Motorrädern nicht folgen und mussten mich laufen lassen. Mein Interessent war mir auf den Fersen geblieben. Er war ganz begeistert von meinem Balkenbrand und wollte nicht nur die drei Flaschen kaufen, die ich dabei hatte, sondern regelmäßig von mir beliefert werden. Besser konnte es für mich gar nicht kommen, zumal er aus Albersloh war, also in meiner Nähe wohnte. Wenn ich gar nicht mehr auf den Schwarzmarkt zu fahren brachte, senkte das mein Risiko einer Entdeckung und Verhaftung deutlich. Meine Eltern waren trotzdem dagegen, sie hatten große Angst, dass ich erwischt werden könnte, von der Schule flog und mir die Zukunft verbaute oder jemand die Brennstelle unter ihrem Dach fand. Aber ich bekam für eine Flasche Schnaps vor der Währungsreform 120 Reichsmark! Ich verdiente so viel Geld, dass ich sogar die Hausschulden abtragen konnte. Als meine Eltern das sahen, begannen sie, meine Tätigkeit mit zusammengebissenen Zähnen zu akzeptieren. Mein Vater half sogar manchmal, wenn ich keine Zeit hatte und meine Mutter sagte nichts mehr, wenn ich an ihren Zucker ging. Nach der Währungsreform im Juni 1948 bekam ich immer noch 18 Deutsche Mark je Flasche, zu einer Zeit, in der das Brot 40 Pfennig/ Kilogramm kostete und ein durchschnittlicher Monatslohn kaum über 100 Mark lag. Eines Tages sprach mich der Zöllner an, der in Sendenhorst eingesetzt war, um die Brennereien zu überwachen. Ich kannte ihn sehr gut, weil er auch ein großer Fußballfan war und immer am Rand stand, wenn wir spielten. Wir nannten ihn Onkel Anton. „Heinz", sprach Onkel Anton und hob mahnend den Finger, „übertreib´s nicht." Der wusste also, was ich trieb, und griff nicht ein. Von nun an hatte ich kaum noch Angst, entdeckt zu werden, nahm mir aber auch seinen Ratschlag zu Herzen und steigerte die Produktion nie über ein paar Flaschen jeden Monat.

Die Höhere Schule war schon eine Herausforderung für mich. Englisch und Latein blieben immer meine schwachen Fächer, dafür war ich in Mathematik besonders gut. Bei Arbeiten in diesem Fach suchte ich regelmäßig die Toilette auf und ließ dort für meinen Kollegen Jupp aus Albersloh einen Zettel mit den Lösungen liegen. Damit „verdiente" ich mir sein wunderbares Pausen-Bauernbrot. Ich war froh, einen Fürsprecher in unserem Klassenlehrer Dr. Frede zu haben, der im Haus Münstermann wohnte, seit er in

Münster ausgebombt war und der sonntags unsere Spiele verfolgte. Einen Fürsprecher hatte ich aber auch dringend nötig! Es gab eine Lehrerin, die mich überhaupt nicht mochte und die immer wieder versuchte, mir Steine in den Weg zu legen.

Ich denke, Frau Dr. Telger hatte ein bestimmtes Bild, aus welchem Milieu Schüler einer Höheren Schule stammen sollten und wie sie sich zu benehmen hatten, und da passte ich „einfacher Leute Kind" mit meinem Fußballspiel und der schweren körperlichen Arbeit im Steinwerk und im Straßenbau einfach nicht rein. Immer wieder versuchte sie auch, mir aus meiner LBA-Vergangenheit einen Strick zu drehen, mich als Nazi darzustellen. Ihre Ablehnung hing vielleicht auch damit zusammen, dass sie Englisch unterrichtete, obwohl ich bei Weitem nicht der Einzige war, der dort Lücken aufwies. Eines Tages war die gesamte Schülerschaft zum Sammeln von Kartoffelkäfern abkommandiert worden. Ich war stattdessen zu Bauer Heimann gefahren und hatte ihm in der Ernte geholfen. Ich hatte dabei überhaupt nicht das Gefühl, etwas Unrechtes zu tun, ganz im Gegenteil. Wir sollten in der Landwirtschaft helfen und ich konnte, da ich den Betrieb kannte, bei Bauer Heimann wesentlich effektiver arbeiten und mehr bewirken, als beim Suchen von Kartoffelkäfern. Frau Dr. Telger regte sich jedoch ganz furchtbar auf, zitierte meinen Vater zu sich und schimpfte ihn aus, was er für einen missratenen Sohn habe. Zum Schluss sagte sie: „Und was ich Ihnen schon lange mal sagen wollte: Ihr Sohn spielt mit dem Pöbel Fußball!"

Fußballmannschaft von 1949 (v.l., oberste Reihe zuerst: Wilhelm Brinkmann, Heinrich Voß, Bernhard Heinrichbrummel, Fritz Saerbeck, Heinrich Menke, Hermann Greive, Harry Heiringhoff, Hermann Schüttelhöfer, Willi Hurtig, Heinz Petschelt, Heinz Höne, Josef Lücke, Bernhard Hinkämper.

Den Fußball hätte ich aber um nichts in der Welt aufgegeben. Noch immer galt, obwohl wir mittlerweile fast erwachsen waren: Wenn wir uns trafen wurde erstmal ein Ball hin- und hergeschoben, das gehörte einfach dazu. Selbst an Tagen, an denen ich schwer körperlich gearbeitet hatte, traf ich mich abends mit meinen Kollegen zum Pölen, dafür konnte ich gar nicht zu müde oder zu erschöpft sein. Wir trafen uns nahezu jeden Abend, egal ob Training angesetzt war, oder nicht. Außerhalb des regulären Trainings spielten wir eben für uns. Wir nutzten wirklich jede Gelegenheit, Fußball zu kloppen, wie wir das nannten. Am Wochenende hatten wir in der Regel ein Spiel, wobei wir zu Auswärtsspielen auf unseren Fahrrädern mit Vollgummireifen fuhren. Ich weiß nicht mehr genau, in welchem Jahr unsere Jugendmannschaft unter 24 antretenden Mannschaften im Preußenstadion den Pokal holte, das muss Ende der vierziger Jahre gewesen sein. Das bescherte uns viel Aufmerksamkeit und Sympathie und führte unter anderem dazu, dass wir von da an häufiger jemanden fanden, der bereit war, uns zu unseren Auswärtsspielen zu fahren. Ich erinnere mich z.B. an Heiko Ausber, der bereits einen LKW besaß. Er ignorierte das Sonntagsfahrverbot, stellte Bänke hinten auf die Ladefläche, was sicherlich auch nicht erlaubt war, und lud uns am Friedhof, also am Ortsausgang, damit es nicht ganz so auffällig war, ein. So groß war die Fußballbegeisterung und das Interesse an dem „Pöbel", um mit Frau Dr. Telger zu sprechen, die das ganz sicher nicht gerne sah. Aus unserer sehr erfolgreichen Jugendmannschaft wechselte der größte Teil der Spieler mit 18 Jahren in die erste Mannschaft des Vereins. Deren Spiele stießen schon auf so viel Interesse, dass drei oder vier Busse für Zuschauer gemietet werden konnten, die für die Fahrt bezahlten. Da fiel auch für uns immer ein Plätzchen ab, so dass sich das Strampeln mit dem Rad ab da endgültig erledigt hatte.

Am 5.4. 1949 fand zum letzten Mal der Unterricht in Sendenhorst statt, weil unsere Oberschule zurück nach Münster zog und dort in der ehemaligen Johannisvolksschule an der Vogel-von-Falkensteinstraße untergebracht wurde. Nun waren wir wieder eine reine

Jungenschule, die einige Monate später auf den Namen Wilhelm-Hittorf-Gymnasium getauft wurde. Von da an gehörte ich zu den Fahrschülern, allerdings fuhr die WLE 1949/50 schon wieder so regelmäßig und häufig, dass der Weg kein Problem mehr darstellte. Morgens gegen halbsieben quoll der Sendenhorster Bahnhof über! Zwei-, dreihundert Menschen warteten auf das Eintreffen des Zuges. Alle hatten mehr oder weniger eingespielte Plätze in den Waggons. Dort dösten wir Schüler noch vor uns hin, erledigten die letzten Hausaufgaben oder spielten Karten.

Im Frühjahr 1950 legte ich als Schüler des ersten Jahrgangs des Wilhelm-Hittorf-Gymnasiums das Abitur ab. Vor den Prüfungen hatte ich einen Heidenrespekt. Wir wurden in allen Hauptfächern examiniert, also Deutsch, Mathematik, Englisch und Latein und ich wusste, dass meine Leistungen in Latein, den Bemühungen unseres Vikars zum Trotz, nicht ausreichten. Aber ich hatte gemeinsam mit ihm eine Strategie entworfen. Man durfte für das Abitur ein Wahlfach angeben, in dem man intensiver geprüft wurde. Die meisten wählten Deutsch, weil alle aus unserem Jahrgang der „Davongekommenen und Zusammengewürfelten“ der Meinung waren, dass man eventuelle Wissenslücken dort am einfachsten überspielen konnte. Ich gab hingegen als einziger aus meiner Klasse Mathematik an, nicht nur, weil ich das wirklich gut konnte, sondern auch, weil der Vikar der Meinung war, das würde den Prüfungsausschuss so stark beeindrucken, dass sie vielleicht meine Defizite in Latein übersehen

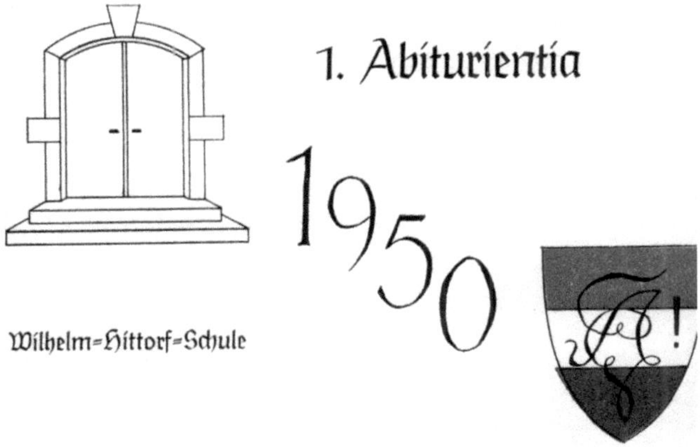

würden. Und so kam es auch: Ich wurde dermaßen ausgiebig in Mathematik geprüft, dass für Latein anschließend praktisch keine Zeit mehr war. Damit hatte ich mein Abitur bestanden – allerdings mein Abiturzeugnis noch nicht in der Tasche. Das versuchte meine „Lieblingslehrerin" Dr. Frau Telger mir tatsächlich bis zum letzten Moment streitig zu machen. Wenn ich mich recht erinnere, fand die feierliche Übergabe der Zeugnisse im Keller der Rathausruine in Münster statt. Anschließend sollten wir uns bei unseren Lehrern, die sich in einer Reihe nebeneinander aufgestellt hatten, bedanken. Das tat ich brav mit Handschlag und ernst gemeintem Dank, denn den meisten hatte ich wirklich etwas zu verdanken. Als ich jedoch Frau Telger erreichte, die mich so gerne als Nazi diffamiert und mir auch sonst das Leben schwer gemacht hatte, reichte ich ihr nicht die Hand, sondern nahm ganz bewusst

Haltung an, ging in die soldatische „Hab Acht!“-Stellung, Hacken zusammen, und blickte sie an. Mehr nicht. Dem nächsten habe ich wieder die Hand gegeben. Ich hatte diesen kleinen Akt der Rebellion nicht geplant, das kam über mich, als ich vor ihr stand und ihr die Hand reichen sollte. Es gab jedenfalls einen Aufstand von ihrer Seite, sie legte irgendwo Einspruch ein und versuchte, zu erreichen, dass mir das Abitur aberkannt wurde. Das Ganze verlief sich aber rasch im Sande.

Nach dem Abitur bewarb ich mich bei der Post, der Bahn, überall, wo es eine Chance gab, in Arbeit und Lohn zu kommen, aber es hagelte Absagen. 1950 war es extrem schwierig, irgendwo unterzukommen. An die Uni zu gehen und zu studieren stand vollkommen außer Frage, das war aus finanziellen Gründen ausgeschlossen, zumal mit der beginnenden Wirtschaftswunderzeit mein Balkenbrand zunehmend weniger gefragt und fast ganz versiegt war. Wenn ich weiterkommen wollte, war eine Lehrerbildungsakademie das Höchste, worüber ich nachzudenken wagte. So hatte ich mich auch in Essen-Kupferdreh und Emsdetten beworben, den beiden nächstgelegenen Anstalten, war zu Aufnahmeprüfungen eingeladen worden und wartete noch auf deren Antwort.

Währenddessen fuhr ich mit unserem neuen Fußballobmann, Paul Haake, durch das Münsterland. Paul Haake war ein stadtbekanntes Original, der verschiedene Sendenhorster Spirituosenfirmen, vor allem aber die Firma Nordhoff aus Walstedde, die den berühm-

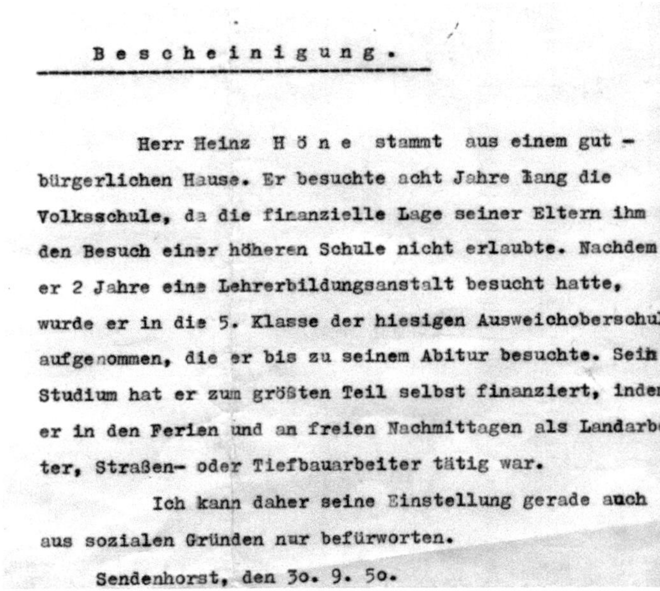

Bescheinigung.

Herr Heinz Höne stammt aus einem gut - bürgerlichen Hause. Er besuchte acht Jahre lang die Volksschule, da die finanzielle Lage seiner Eltern ihm den Besuch einer höheren Schule nicht erlaubte. Nachdem er 2 Jahre eine Lehrerbildungsanstalt besucht hatte, wurde er in die 5. Klasse der hiesigen Ausweichoberschul aufgenommen, die er bis zu seinem Abitur besuchte. Sein Studium hat er zum größten Teil selbst finanziert, indem er in den Ferien und an freien Nachmittagen als Landarbe ter, Straßen- oder Tiefbauarbeiter tätig war.

Ich kann daher seine Einstellung gerade auch aus sozialen Gründen nur befürworten.

Sendenhorst, den 30. 9. 50.

Auch dieses Empfehlungsschreiben, dessen Absender leider nicht mehr bekannt ist, öffnete keine Türen.

ten „Nordsturm", einen hochprozentigen süßen Likör, produzierte, vertrat. Selbst direkt nach Ende des Krieges, als die belgische Besatzung eine Sperrstunde verordnet hatte, war er mit Sondergenehmigung auf der Straße unterwegs gewesen, um seine wichtige Mission, die Bevölkerung, (und wahrscheinlich auch die Soldaten) mit Nordsturm oder anderem Alkohol zu versorgen, zu erfüllen. Mit seinem Opel Kombi, in dessen Kofferraum etliche Flaschen der begehrtesten Marken und von weiteren dreißig, vierzig Marken zumindest Probierflaschen lagerten, fuhren wir durchs Münsterland und das Ruhrgebiet. Das war für mich keine Arbeit im eigentlichen Sinne, denn ich wurde nicht bezahlt, das war eher wie ein Urlaub, während ich auf Antwortschreiben zu meinen Bewerbungen und die Prüfungsergebnisse der pädagogischen Akademien wartete. Paul nahm mich in erster Linie mit, damit ich ihn auf den langen Fahrten unterhielt, vor allem aber, damit ich in den Kneipen, die er aufsuchte, reichlich aß und trank! Denn er verdiente als Vertreter ja viel an den Gastronomen, die bei ihm bestellten, und die erwarteten im Gegenzug, dass er sie auch etwas verdienen ließ. Aber was sollte er allein schon konsumieren? Im Ruhrgebiet wurde Schnaps nicht Flaschen- oder Korbflaschenweise verkauft, sondern in Holzfässern, an die oben Pumphebel montiert werden konnten. Solch ein Umsatz wurde da gemacht und entsprechend groß war auch Paul Haakes Verdienst. Oft „schmiss" er erstmal eine Lokalrunde, wenn er eine Gaststätte betrat, und war auch sonst extrem spendabel. Ich durfte also nicht nur, ich sollte regelrecht immerzu essen und trinken, wonach ich begehrte. Das waren ein paar wunderbare Wochen! Im Gegenzug versuchte ich, mich nützlich zu machen, stellte Lieferscheine aus, holte Flaschen aus dem Kofferraum, wenn wir das Gewünschte zufällig in größeren Mengen dabei hatten. Aber so schön diese gemeinsamen Fahrten auch waren, auf Dauer stellten sie natürlich keine Perspektive dar und Geld verdiente ich dort auch keins.

Im späten Sommer bekam ich durch Vermittlung meines Freundes Willi Körkemeier einen Job bei der Abbruchfirma seines Vaters. Sie beräumte gerade die

Ruinen des Franziskushospitals in Münster. In der zweiten Reihe war alles kaputt, die Kapelle, Teile des Krankenhauses, alle Gebäude dahinter, eine einzige Ruinen- und Trümmerlandschaft. Ich arbeitete beim Abbruch von Restmauern, die stehen geblieben waren, einzelne steinerne Finger, die noch in den Himmel ragten. Je nach Stabilität kletterte einer auf den Mauerrest und befestigte oben ein Seil. Anschließend wurde die Mauer unten angestemmt, so dass sie abbrach. Nun konnte der Mauerrest mit Hilfe einer Winde abgeräumt werden. Während ich dort arbeitete, bekam ich sowohl aus Essen als auch aus Emsdetten eine Zusage! Ich war nicht so glücklich, wie ich hätte sein sollen. Ich wollte eigentlich grundsätzlich nicht aus Sendenhorst weg und schon gar nicht in dieser Zeit, in der unsere Fußballmannschaft gerade sehr erfolgreich war und um die Tabellenspitze spielte. Aber es nutzte nichts, also ließ ich am nächsten Trainingsabend die Bombe platzen: „In ein paar Wochen bin ich weg. Ich habe Zusagen von den Lehrerakademien in Essen und in Emsdetten, eine von beiden wird es werden."

Zwei Tage später kam mein Mannschaftskamerad Hans Thoms zu mir, der als Bote in der Oberfinanzdirektion arbeitete. Als solcher bekleidete er nicht gerade eine herausragende Position, aber er kannte natürlich jeden Einzelnen. Er meinte, ich solle doch am nächsten Tag in meiner Mittagspause vom Franziskushospital zur Oberfinanzdirektion herüberkommen, die lag ja in unmittelbarer Nähe. „Ich habe nämlich mit Herbert gesprochen." Herbert war, stellte ich am nächsten Tag fest, der Personalchef der OFD und fragte mich als erstes nach meiner Vorbildung. „Ich habe Abitur!" - „Ach", rief er bedauernd, „wenn Sie doch nur acht Wochen eher gekommen wären!" Offensichtlich waren die Einstellungen für die Inspektorenlaufbahn, für die das Abitur die Vorraussetzung war, gerade erfolgt. Im mittleren Dienst war hingegen noch etwas frei, auch wenn die Bewerbungsfrist schon einige Tage zuvor abgelaufen war. „Ich kann Ihnen zusichern, dass Sie in die gehobene Laufbahn aufsteigen können, sobald dort etwas frei wird, aber anfangen müssten Sie im mittleren Dienst. Sind sie interessiert?" Als ich das bejahte, gab er mir Stift und Zettel und forderte mich auf, meinen Lebenslauf zu Papier zu bringen. Anschließend datierte er das Papier einige Wochen zurück, so dass es so aussah, als sei es noch während der Bewerbungsfrist geschrieben worden. Zwei Tage später war ich eingestellt, und zwar ab dem Anfang der Folgewoche, also zum 15.11.1950. Ich musste mir vor Dienstantritt in aller Eile erst mal etwas zum Anziehen kaufen, ich lief noch in den umgeschneiderten Klamotten aus der LBA rum.

„Im Amt liefen die Uhren anders."

Das Leben kehrt in geordnete Bahnen zurück, 1950-1959

Eine Vorstellung, was man am Finanzamt macht, hatte ich nicht. Dieses Stellenangebot kam für mich aus vollkommen heiterem Himmel und ich habe eigentlich nur zugesagt, weil der Personalchef mir den Übergang in die Inspektorenlaufbahn zugesichert hatte. Das hieß für mich, die Arbeit hatte Potential, ich konnte mich entwickeln. Ausschlaggebend war aber, dass ich in Sendenhorst bleiben und weiter in meiner Mannschaft Fußball spielen konnte, wo wir doch seit einiger Zeit die Tabelle anführten. Ich erinnere mich lebhaft an die Frühstückspause meines ersten Arbeitstages. Mutter hatte mir den üblichen Kasten mitgegeben, der war größer als ein Din-A-4-Heft und vollgepackt mit Broten. Sie war die Portionen gewöhnt, die ich brauchte, wenn ich den ganzen Tag Mauern abstemmte und Schutt schippte. Ich sehe noch, wie die Gesichtszüge der anderen entgleisten: „Bleiben Sie die ganze Woche?" Mit diesem Brotkasten wurde ich noch lange geärgert, das wurde mir noch unter die Nase gerieben, als sich mein Appetit längst auf die sitzende Arbeit am Schreibtisch eingestellt und dementsprechend reduziert hatte.

In der Lehrerbildungsanstalt war ich an strammes Arbeiten herangeführt worden und auch später waren meine Tage immer gut gefüllt mit Schule, Geld verdienen, Fußball, ich war immer aktiv. Und nun saß ich im Finanzamt und stellte sehr bald fest: Hier liefen die Uhren anders. Da fand schon eine gewisse Entschleunigung statt und mein Tatendrang stieß oft auf Grenzen. Bald meinte ich auch, zu wissen, woran das lag. Nachdem ich in jede Abteilung einmal reingeschnuppert hatte, merkte ich, es gab überall eine bestimmte Art von Mitarbeitern, liebe Menschen, die jeden Geburtstag abgespeichert hatten, morgens erst mal die Runde drehen mussten, jeden Kollegen einzeln begrüßten, Zimmer um Zimmer um Zimmer. Ich glaube, solche Menschen können überhaupt nur auf dem Amt gedeihen, die flögen in der freien Wirtschaft raus oder würden sich das ganz schnell abgewöhnen. Das Problem war ja nicht nur, dass sie selber einen recht großen Teil ihrer Arbeitszeit nicht arbeiteten, sie hielten immer auch Kollegen von der Arbeit ab.

Das wurde nicht besser, nachdem auf Drängen des Betriebsrates hin im Keller eine einfache Cafeteria eingerichtet worden war.

Meine erste Abteilung war die sogenannte Einheitswertstelle, das ist wohl die langweiligste Arbeit im Finanzamt. Zusammen mit der erwähnten „Entschleunigung“ ließ mich das daran zweifeln, ob meine Entscheidung die richtige gewesen war, aber dann lernte ich andere Abteilungen kennen, in denen die Arbeit wesentlich interessanter war, und leckte nach und nach Blut. Zum einen reizte mich die Mischung aus Rechnen und Jura, zum anderen fand ich es auch hochspannend, über diese Arbeit Einblicke in Firmen zu bekommen, die einem sonst verwehrt waren. Weniger angenehm war, dass ich mehr oder weniger vom ersten Arbeitstag an als Steuerfachmann für alle galt, die mit mir alltäglich in der WLE zur Arbeit und wieder nach Hause fuhren. Jeder fragte mich um Rat, erwartete einen Tipp, eine kleine Hilfestellung. Das wurde mir schnell zu viel, ganz abgesehen davon, dass mir diese „Nebenbeschäftigung" als Beamter bzw. Beamtenanwärter gar nicht erlaubt war.

Auf jeden Fall war es gut, neben der Arbeit noch andere Interessen zu haben, und gerade zu dieser Zeit war der Fußball für mich wichtiger, denn je zuvor, weil wir es an die Tabellenspitze geschafft hatten und nun um die Münsterlandmeisterschaften mitspielten. 1952 fand das Finale gegen Greven im Stadion von Münster 08 vor 4000 Zuschauern statt. Ich war als Mittelläufer eingesetzt. „Höne meistert ein Riesenpensum, ist immer zur Stelle, wenn´s brennt", schrieb der Sportreporter der Westfälischen Nachrichten am nächsten Tag und lobte den Sendenhorster 4:2 Sieg als verdient. Das war eine Sensation, die Mannschaft eines solch kleinen Ortes wie Sendenhorst wurde Münsterlandmeister! Damals bekamen wir das erste Mal in unserem Fußballerleben eine Prämie in Höhe von sage und schreibe fünfzehn DM. Wichtiger war, dass wir vor dem Spiel in einem Hotel in Münster übernachten durften, ohne dafür bezahlen zu müssen. Da fühlten wir uns schon! Als Münsterlandmeister spielten wir gegen den Emslandmeister, das war in diesem Jahr Rheine, und den Industriemeister, TuS Haltern, um den Aufstieg in die Landesliga. Leider haben wir das

Die Meistermannschaft von 1952 (v.l. oberste Reihe zuerst): August Ausber, Heinrich Menke, Hermann Greive, Bernhard Heinrichbrummel, Hans Thoms, Paul Moorfeld, Heinz Höne, Heinz Linnemann, Rudolf Entrup, Heinz Decker, Heinz Petschel. An den jubelnden Menschen hinterm Netz sieht man, wie groß die Fußballbegeisterung war.

aber nicht gepackt. „Mit der Elf der Spielervereinigung Sendenhorst lernte man in Rheine eine sehr sympathische und faire Mannschaft kennen, die auch in Anstand und Ehren zu verlieren wusste", hieß es am nächsten Tag in der Zeitung. Das war ja auch ein schönes Kompliment, obwohl uns ein Sieg natürlich lieber gewesen wäre. Trotzdem erlebten wir eine wunderschöne Zeit, wir Mannschaftskameraden verstanden uns einfach richtig gut, hatten sehr viel Spaß miteinander und wenn dann auch noch der Erfolg hinzukam... Besser konnte man es sich eigentlich nicht wünschen. Unser Trainer hatte bei Preußen Münster gespielt, auch mit ihm harmonierten wir prächtig. Obwohl wir den Sport sehr ernst nahmen, war uns das auf ein Training oder Spiel folgende gesellige Beisammensein auch wichtig. Wenn sich die Gelegenheit ergab, gingen wir zu Mutti Siekmann in Hoetmar, weil sie Kronenbier im Ausschank hatte. Diese Marke gab es hier in der Gegend sonst nirgends und sie schmeckte ganz besonders gut. Oft trafen wir uns aber auch in einer anderen Wirtschaft oder drängelten uns bei uns zu Hause in der kleinen Stube zwischen Laden und Küche, in der es trotz oder wegen der Enge sehr gemütlich war.

Meine offizielle Einstellung im Finanzamt erfolgte zum 1. Mai 1951, dem Beginn des Ausbildungsjahres. Durch meinen früheren Einstieg im November 1950 hatte ich schon vorher Geld verdienen können und er führte auch dazu, dass ich bereits nach einem Jahr Lehrzeit als Sachbearbeiter eingesetzt und entsprechend bezahlt wurde. Diese Position sollte auch eine Entschädigung dafür sein, dass ich noch nicht in die gehobene Laufbahn wechseln konnte. Am 30.4.1953 wurde ich nach der Abschlussprüfung zum Steueranwärter der mittleren Laufbahn offiziell entlassen und zum 1.5. des gleichen Jahres, also einen Tag später, neu eingestellt, diesmal in den Ausbildungsgang zum gehobenen Dienst. Drei Jahre Lehrzeit waren vorgesehen, von denen mir jedoch ein Jahr erlassen wurde. Von den restlichen zwei Jahren verbrachte ich sechs Monate in Nordkirchen, der vom Finanzministerium NRW eingerichteten Fachschule für Finanzen, die ich auch vor der Abschlussprüfung zum Steueranwärter ein Vierteljahr lang besucht hatte. Mittlerweile ist diese Einrichtung zur Fachhochschule für Finanzen des Landes NRW umstrukturiert worden, von der lediglich die Unterrichtsräume und ähnliches noch im eigentlichen Schloss untergebracht sind. Die Studenten wohnen in hotelähnlichen, neu errichteten Nebengebäuden. Diese gab es zu unserer Zeit noch nicht. Wir wohnten in dem recht dürftig renovierten Schloss in einem Schlafsaal für zwölf Personen, durch den ein weiterer Raum mit acht Betten erschlossen wurde. Das war alles andere als ideal, denn wir waren alle zwischen 25 und 35 Jahren alt, einige verheiratet, wir waren aus dem Schlafsaalalter eigentlich raus. Hinzu kam, dass es natürlich immer einige gab, die in der schlosseigenen Kantine abends noch länger sitzen mussten und erst zu Bett gingen, wenn alle anderen bereits eingeschlafen waren und nun wieder aufgestört und aus dem Schlaf gerissen wurden. Da habe ich oft schlecht geschlafen. Aber man fand sich damit ab, weil es keine Alternative gab.

Genauso unangenehm war, dass wir recht stark reglementiert wurden, was die Abwesenheit von der Schule anging, auch außerhalb der Unterrichtszeiten. Vielleicht hatte das versicherungstechnische Gründe. Diese Einschränkungen führten dazu, dass ich mich oft aus dem Schloss zu stehlen hatte, wenn ich zu unseren Spielen am Wochenende und dem wichtigen letzten Training vor einem Punktspiel fuhr. Wir hatten samstags noch bis 13.00 Uhr Unterricht, das zog sich also hin, bis ich endlich mit dem Rad loskam. 35 Kilometer strampeln, Training oder Spiel, dann zurück. Oft musste ich mein Rad im Gebüsch verstecken, wenn ich wiederkam, und warten, dass die Luft rein war, bis ich es in den Keller schmuggeln konnte. Manchmal konnte mich auch ein Mannschaftskamerad mit dem Auto abholen, das erleichterte das Hin und Her natürlich enorm. Aber Fußball spielte ich nach wie vor mit Leib und Seele. Auch siebzig Fahrradkilometer konnten mich nicht von der Mannschaft fernhalten.

Kurz vor unserer Prüfung zum Finanzinspektor hieß es eines Tages, wir sollten zu einer außerordentlichen Versammlung in den Saal des Schlosses kommen. „Meine sehr verehrten Herren", teilte uns ein Abgesandter des Finanzministeriums mit, „Sie müssen damit rechnen, nach Ihrer Prüfung ins Ruhrgebiet versetzt zu werden. Dort fehlen uns die Inspektoren während es im Münsterland zu viele gibt. Richten Sie sich schon mal darauf ein. Lediglich verheiratete Junginspektoren haben eine Chance, in Münster zu verbleiben."

Das war für mich ein Schock! Aus Münster und damit aus Sendenhorst fort zu müssen, und dann auch noch in das besonders unattraktive Ruhrgebiet, war für mich eine absolute Horrorvorstellung. Das hatte ganz viele Gründe. Ich war einfach heimatverbunden, hatte ein enges Netz an Freunden, den Fußball, das wollte ich alles nicht aufgeben. Und außerdem war gerade erst noch ein ganz besonders wichtiger Grund dazugekommen, vielleicht der wichtigste von allen. Wenige Monate zuvor hatten wir nach einem Spiel bei Mutti Siekmann in Hoetmar angehalten, aber die Wirtschaft war geschlossen gewesen. Daraufhin hatten wir Tönne Huerkamp, dem einzigen Hoetmarer in der Mannschaft, verkündet: „Dann gehen wir eben zu dir." Wir ließen uns in dem großen Garten hinter seinem Elternhaus nieder. Ich schaute über die Straße und sah dort Walter Schwarzkopp stehen, den Mittelstürmer von Münster 08. Auf dem Platz war er oft mein direkter Konkurrent, aber sonst verstanden wir uns gut. Ich hatte überhaupt nicht damit gerechnet, ihn hier zu sehen, denn entweder hatte ich nie gewusst oder schon wieder vergessen, dass er aus Hoetmar stammte. Noch mehr aber fiel mir die junge Frau auf, die neben ihm stand. Die fiel mir ins Auge! Ich fragte Tönne Huerkamp ganz beeindruckt: „Wer ist denn das?" Es stellte sich heraus, dass sie Walters Schwester war, Hedwig Schwarzkopp. Mann, war ich beeindruckt. Wieder in Sendenhorst schrieb ich eine halbanonyme Karte an die Dame. Kurz darauf überredete ich Walter, der damals schon in Münster wohnte, ein Treffen zu dritt zu arrangieren. Ohne es voneinander zu wissen, fuhren seine Schwester und ich mit demselben Zug nach Münster, trafen uns aber erst dort auf dem Bahnsteig. Hedwig war die Tochter des Hoetmarer Bürgermeisters und betreute die Poststelle, die, wie früher auf Dörfern üblich, im Haus des Bürgermeisters untergebracht war. Sie hatte Hauswirtschaft gelernt und kam mir als einzige Tochter und jüngstes von drei Kindern ganz schön verwöhnt vor, was ihren Reiz und die Anziehungskraft, die sie auf mich ausübte, jedoch in kei-

Hedwig und Heinz 1954

ner Weise minderte. Seit dem ersten Zusammentreffen in Münster sahen wir uns regelmäßig und waren uns in den vergangenen Monaten immer näher gekommen. Da konnte ich doch jetzt nicht weg!
Aufgeregt zog ich mein Fahrrad aus dem Schlosskeller und strampelte nach Münster, zu meinem Vorgesetzten, mit dem ich mich sehr gut verstand. „Was muss ich tun, damit ich in Münster bleiben kann?“, fragte ich ihn ganz direkt. „Ich möchte unbedingt hierbleiben!“ - „Ich würde sie auch nur höchst ungerne verlieren“, antwortete er, „aber wenn Sie nicht verheiratet sind, wird das ganz ganz schwierig.“ Wir sahen uns eine Weile schweigend an. Dann sagte er, wenig amtlich und sehr westfälisch:„Hamse denn keine, die´se heiraten können?“ Seine Worte klingen mir heute noch im Ohr: „Hamse denn keine…“.

Meine Eltern in den fünziger Jahren; Mutter in unserer Küche am Drostenhof.

So lange kannte ich Hedwig ja nun noch nicht. Trotzdem fuhr ich nach Hoetmar und verkündet ihr: „Es nützt nichts, wir müssen heiraten!“ Das war vielleicht nicht die eleganteste Art einer Liebeserklärung, aber ebenso ehrlich gemeint. Denn natürlich fragte ich sie nicht nur, weil ich in Münster bleiben wollte, sondern auch, weil ich auf jeden Fall das Gefühl hatte, das sie „die Richtige“ war. Zu meiner großen Freude willigte Hedwig ein.

Das war zwar die wichtigste, aber nur eine von vielen Hürden, die genommen werden mussten. Denn damals war es absolut unüblich, „einfach so“ zu heiraten. Erst musste man etwas geschafft, sich etwas aufgebaut haben, am besten gleich ein ganzes Haus. Davon waren wir weit entfernt, obwohl Hedwig in Hoetmar

Hedwigs Eltern Mitte 1955

einen Altbau geerbt hatte, der aber sehr runtergekommen und auch viel zu klein war. Erst musste er instandgesetzt und erweitert werden, bevor wir an eine Hochzeit denken durften. So lange konnten wir aber der drohenden Versetzung wegen nicht warten. Wir überlegten uns, dass für das Amt ja die standesamtliche Trauung zählte, während für die Leute im Dorf die kirchliche Hochzeit die eigentlich wichtige und einzig gültige Eheschließung war. Also heirateten wir mehr oder weniger heimlich standesamtlich, erzählten nur unseren Eltern davon und lebten immer in der Angst, es könne sich rumsprechen, dass wir zwar schon standesamtlich, aber noch nicht kirchlich verheiratet waren. Das war vollkommen verpönt, nahezu sittenwidrig. Aber mittellos zu heiraten tat man eben auch nicht.

Das war schon eine merkwürdige Zwickmühle, in der wir da steckten. Selbst unsere Eltern, genauer gesagt meine Eltern und Hedwigs Mutter, ihr Vater war kurz zuvor gestorben, denen wir genau erklärt hatten, warum wir so vorgingen, sahen das gar nicht gerne. Bis wir das Haus fertig gebaut hatten, wohnte jeder brav bei sich zu Haus. Meine Schwiegermutter akzeptierte aber immerhin, dass ich nach dem allabendlichen Arbeiten auf dem Bau nicht mehr jedes Mal auf das Rad steigen und nach Sendenhorst strampeln musste. Da durfte ich dann schon manchmal in Hoetmar übernachten. Beim Bau halfen meine Fußballkollegen, so wie ich ihnen auch immer geholfen hatte, wie wir uns überhaupt grundsätzlich gegenseitig unter die Arme griffen. Das war eine unentgeltliche Hilfeleistung, nur für ausreichend Bier und reichlich Nachschub an belegten Brötchen hatte der Bauherr zu sorgen.

1958 war das Haus endlich fertig und wir konnten am 2. Juli in St. Lambertus zu Hoetmar „richtig“ heiraten. Wir waren nicht nur glücklich, wir waren auch erleichtert, dass die Zeit der Heimlichtuerei ein Ende hatte.

Hedwigs Vater hatte noch aus Beständen des britischen Militärs ein Auto kaufen können, als er Bürgermeister war. Diesen englisch-grün in der Farbe der Besatzungsmacht lackierten VW-Käfer mit Zwischengas hatte Hedwig nach seinem Tod geerbt. In diesem Gefährt traten wir unsere Hochzeitsreise an. Es kursierte damals ein Geheimtipp unter Finanzbeamten, ein wundervolles Hotel im österreichischen St. Filippen, das sehr gut und zugleich preisgünstig sein sollte. Dorthin machten wir uns auf den Weg. Doch auf dem Großglockner blieb der Käfer liegen. Ich war vollkommen ratlos, denn ich hatte von Autos eigentlich keine Ahnung. Ich besaß zwar einen Führerschein sogar für LKW, das war aber ausschließlich dem Zufall zu verdanken und keineswegs irgendwelchen intimeren Kenntnissen der Kraftfahrzeugbranche. Als ich zu meinem Prüfungstermin für den PKW-Führerschein erschienen war, fehlte einer der Männer, die zur LKW-Fahrprüfung angemeldet waren. Der Fahrlehrer fragte mich, ob ich nicht einspringen wollte. Ich hatte noch nie am Steuer eines LKW gesessen. Andererseits schoss mir der Gedanke durch den Kopf, dass eine entsprechende Fahrerlaubnis im Hinblick auf unseren laufenden Umbau ganz praktisch sein konnte, so viel wie da immer zu transportieren war. Also versuchte ich es. Ich musste ein paar Fragen beantworten und einen LKW, der auf dem Hof der Fahrschule stand, fünfzig Meter geradeaus steuern. Da winkte der Prüfer schon ab, ich hatte bestanden.

All das nutzte mir gar nichts, als ich nun auf dem Großglockner stand und unser liegengebliebenes Auto recht hilflos musterte. Zum Glück hielt nach einiger Zeit ein LKW-Fahrer an, der im Gegensatz zu mir nicht nur den entsprechenden Führerschein hatte sondern auch etwas von Autos verstand. Er warf einen Blick unter die Motorhaube und beruhigte uns: „Einfach noch eine Viertelstunde abkühlen lassen, dann läuft er wieder.“ Und so war es auch. Wir genossen unsere

Flitterwochen in Österreich

Flitterwochen in dem Hotel, das tatsächlich so wunderschön, war, wie es uns beschrieben worden war. Belebt wurde unsere Zweisamkeit durch den Besuch gemeinsamer Freunde aus Sendenhorst. Einer fuhr die gesamte Strecke nach Österreich sogar mit dem Vespa-Roller und konnte bei seiner Ankunft herrliche Geschichten erzählen. Der andere kam mit seinem Mercedes hinterhergefahren, das war Josef Körkemeier, der in ganz Sendenhorst nur Pulver-Jo genannt wurde. Er war durch eine ungewöhnliche Geschäftsidee, die er ebenso unkonventionell umsetzte, zu Geld gekommen: Immer wenn Angehörige der britischen Streitkräfte irgendwo auszogen, kaufte er deren komplettes Mobiliar und Inventar für schmales Geld auf; die Armeeverwaltung war ja froh, dass sie sich um die Entsorgung nicht zu kümmern brauchte. Anschließend stellte er die Sachen in einer Scheune oder Lagerhalle aus, manchmal sogar auf Marktplätzen, machte durch Flugblätter viel Reklame und verkaufte den ganzen Bestand. Die Möbel wurden ihm aus der Hand gerissen, da er sie preiswert abgab. Trotzdem machte er aufgrund der schieren Masse ein Bombengeschäft. Einige Male war ich aus Neugier zu einem seiner Verkäufe mitgefahren und hatte ihm assistiert. Vorher hatte ich gefragt: „Was muss ich denn für so einen Schrank nehmen?“ Aber es gab keine festgelegten Preise. „Du musst mal sehen, was du kriegst!“ Damit war er reich geworden.

Zurück in Hoetmar und endlich im eigenen Heim blickte ich mich um und sah, dass Hoetmar gar nicht so schlecht war. Eigentlich war mir selbst dieser Ort schon zu weit von Sendenhorst entfernt. Natürlich war es sinnvoll gewesen, hier erst mal das ererbte Gebäude zu renovieren und zu beziehen, aber ich hatte das doch immer nur als Übergangslösung gesehen, ich hing einfach sehr an meinem Heimatort. Noch während wir bauten, lernte ich jedoch Franz Tilkorn, den Besitzer des Schulzenhofes, und Willi Beermann, der eine Parkettfabrik betrieb, kennen. Mit denen fühlte ich mich total wohl. Einer von beiden war Vorsitzender des Männergesangsvereins, der andere des Schützenvereins; in beiden mischte ich bald mit. Außerdem nahmen sie mich in den „Herrenclub“, eine Gruppe von zwölf Hoetmarer Männern, auf, wo ich ebenfalls bald Freundschaften schloss und mich heimisch fühlte. So langsam verblasste mein Drang, wieder nach Sendenhorst zurückzuziehen und ich konnte mir erstmals vorstellen, auf Dauer in dem immerhin sieben Kilometer entfernten Hoetmar zu bleiben.

Zu Hause war ich aber nur, wo ich Fußball spielte. Schweren Herzens verabschiedete ich mich daher aus meiner Mannschaft und wurde in Hoetmar Trainer, spielte aber auch selber mit. Es gelang mir jedoch nie, den richtigen Dreh in die Mannschaft zu bekommen. Wir tranken in Sendenhorst auch gern ein paar Bier mit den Kollegen, aber grundsätzlich *nach* dem Spiel. Das sah in Hoetmar ein bisschen anders aus. Dadurch kam man nie auf einen grünen Zweig und immer nur im unteren Tabellendrittel rumzukrebsen machte auf Dauer keinen großen Spaß. Nach eineinhalb Jahren gab ich das Trainieren wieder auf und verabschiedete mich damit ganz und gar vom Fußballspielen. Das fiel mir nicht so schwer, wie ich noch wenige Jahre zuvor geglaubt hätte, weil ich für eine neue Leidenschaft entbrannt war: das Jagen.

Willi Beese, ein Alverskirchener Bauer, der das große Jagdrevier zwischen Alverskirchen und Wolbeck pachtete, hatte den Anstoß dazu gegeben. Bei einem zufälligen Zusammentreffen in einer Alverskirchener Wirtschaft sprach er mich auf platt an und fragte, ob ich noch nie über die Jagd nachgedacht habe? Ich sei doch ein bekannter Sportler. Nein, auf die Idee war ich noch nicht gekommen, hatte aber durchaus Interesse, mir die Jagd aus der Nähe anzuschauen und kennenzulernen. Willi Beese lud mich ein, als Treiber mitzugehen. So nahm meine bis heute anhaltende Begeisterung für die Jagd ihren Anfang. Schon nach zwei oder drei Malen war ich gefesselt. Mir gefielen das Unterwegssein in der Natur, die Herausforderung der Jagd selber und das gesellige Drumherum, wenn abends tüchtig gefeiert wurde. Alles in allem war diese Kombination genau mein Ding. Daher meldete ich mich in der zweiten Hälfte der fünfziger Jahre für einen Jagdschein an. An Unterrichtsabenden, die von verschiedenen Jagdvereinigungen abgehalten wurden, wurde Jagdrecht und Wildkunde gelehrt, es gab aber auch Schießübungen. Mal wurden wir auch von dem gräflichen Jagdaufseher unterrichtet. Ich muss aber ehrlich zugeben, dass diese Unterrichtsstunden, die meist sonntagsmorgens lagen, eher feucht und wenig effektiv waren. Das meiste musste man sich doch zu Hause selber beibringen und anlesen. Endlich standen die Prüfungen in Warendorf an, wo man von mehreren Jägern mündlich examiniert wurde. Vor der ersten Frage wurde ein wenig small talk gemacht, hierbei kam auch die Frage nach meinem Beruf auf. Ich antwortete, vollkommen nichtsahnend, dass ich beim Finanzamt beschäftigt sei. Die Stimmung im Raum wurde von einer auf die andere Minute frostig. Ach so, ich wollte den Jagdschein wohl nur machen, um mich von meinen „Kunden", als z.B. Unternehmen, die ich prüfte, zur Jagd einladen zu lassen? Warum denn sonst? War mein Vater Jäger? Was für Unternehmen prüfte ich denn so? Ich bekam keine einzige Fachfrage gestellt, ausschließlich Fragen, die darauf abzielten mich zu diskreditieren, als unredlich, ja sogar bestechlich hinzustellen, die größte Beleidigung und Ehrabschneidung, die man einem Finanzbeamten antun kann. Irgendwann platzte mir der Kragen. Das konnte und wollte ich mir einfach nicht bieten lassen. Die Prüfung wurde abgebrochen. Damit gilt man als durchgefallen. Ich beschwerte mich beim Oberkreisdirektor, der eine Streitschlichtung in Aussicht stellte. Schlichten sollte Baron von Beverförde in Ostbevern. Als ich aber dorthin kam, war von der Gegenseite niemand zu sehen. Der Baron ließ sich die ganze Geschichte noch einmal von mir erzählen, stellte mir einige wenige Fachfragen und damit hatte ich die Jagdscheinprüfung bestanden.

Ob Willi Beese diesen Gedanken schon im Hinterkopf gehabt hatte, als er meine Aufmerksamkeit aufs Jagen lenkte, oder ob sich das erst später so ergab, weiß ich nicht. Auf jeden Fall fragte er mich kurze Zeit später, ob ich mich nicht an der Jagd, die er gemeinsam mit den Brennereibesitzer Gerbermann gepachtet hatte, beteiligen wollte. Als armer Finanzbeamter kam das für mich gar nicht in Frage. Auf meine Einwände erwiderte er aber, ich bräuchte nichts zu bezahlen, sondern sollte im Gegenzug die Jagdaufsicht übernehmen. Seit diesem Zeitpunkt, der weit über fünfzig Jahre zurückliegt, war ich immer an einer Jagdpacht beteiligt und kann es mir auch gar nicht anders vorstellen. Als Jagdaufseher hatte ich das Raubzeug in seine Schranken zu weisen, also Fallen aufzustellen, auf Füchse anzusitzen, auch Marder und Krähen wurden geschossen. Zum 1. Mai wurden Gifteier in Vogelnester gelegt, damit Raubvögel, die diese Nester räuberten, verendeten. Andere Tiere wiederum mussten gefüttert werden, Futterstellen und Hochsitze gewartet und repariert werden, Treibjagden waren zu organisieren. Irgendetwas war immer zu tun, man musste also schon Spaß daran haben.

Die Jagd wurde auch zunehmend zu einem wichtigen Ausgleich für meine Arbeit, je höher ich auf der Finanzamtsleiter kletterte. Nach meiner Inspektorenprüfung wurde ich sehr bald Hauptsachbearbeiter für Einkommen- und Körperschaftssteuer. Ich war also dafür verantwortlich, jede rechtliche Neuregelung und Gesetzesänderung in den allwöchentlichen Amtsbesprechungen vorzustellen und deren Auswirkung auf unsere Tätigkeit bzw. ihre Umsetzung im Finanzamt zu erläutern. Wenn Kollegen Fragen zu diesen Neuerungen hatten, konnten sie sich an mich wenden.

Das sprach sich auch außerhalb des Amtes rum, jedenfalls bekam ich nach einiger Zeit eine Anfrage des

Steuerberaterverbandes, ob ich nicht im Rahmen der Steuerberaterausbildung tätig werden wollte. Jeden Samstag hielt ich, rotierend mit zwei anderen Kollegen, für angehende Steuerberater Vorträge in Münster, Dortmund und Gelsenkirchen. Das wurde hervorragend bezahlt; ich konnte mein Inspektorengehalt von 550,00 DM durch die Vorträge nicht ganz verdoppeln, aber doch deutlich aufstocken.
Einige Zeit später wurde ich in die Firmenstelle versetzt. Finanzämter sind eigentlich nach Bezirken aufgeteilt; alle Steuerpflichtigen eines Bezirkes werden also von einem bestimmten Sachbearbeiter verwaltet. Größere Firmen wurden aus diesen Bezirken ausgegliedert und von der Firmenstelle verwaltet.
Das ist die beste Abteilung, in die man im Finanzamt kommen kann, weil dadurch ausgedrückt wird, dass einem ein großes Vertrauen entgegengebracht wird. Ich fand es aber auch inhaltlich am interessantesten.
Steuererklärungen zu prüfen ist ja nicht so stur und trocken, wie sich das anhört, ganz im Gegenteil. Man lebt und denkt mit den Firmen, kommt in die unterschiedlichsten Unternehmen rein und erhält jeden Tag neue Eindrücke. So prüfte ich z.B. auch die Betriebsteile des Gefängnisses, die nicht steuerbefreit waren, also z.B. die Werkstätten, die für den freien Markt produzieren. Das fand ich besonders interessant, nachdem ich kurz zuvor als Besucher dort gewesen war. Mein alter Freund Paul Haake war wegen Trunkenheit am Steuer zu 14 Tagen Haft verurteilt worden. Ich ahnte, dass er litt, denn als Schnapsvertreter war er es gewohnt, einen bestimmten Pegel Alkohol im

Blut zu haben, das hatte ich während unserer gemeinsamen Touren nach meinem Abitur mitbekommen. Und nun saß er da vollkommen auf dem Trockenen. Er hatte mich immer freundlich und großzügig behandelt, nun sah ich eine Chance, etwas davon zurückzugeben. Ich zog eine besonders dicke Winterjacke an, schob einen Flachmann in die Innentasche, scherzte mit den Beamten am Eingang so lange herum, bis sie vergaßen, mich zu kontrollieren und schmuggelte ihm das Fläschchen ein.

„Ich hatte nie viel Zeit für Familiensachen, jedenfalls habe ich mir das eingebildet."

Familie und Selbstständigkeit, 1959-2001

Auch auf meiner neuen Position galt sicherlich, dass man bei der Arbeit im Amt nur selten in Stress geriet. Trotzdem war ich viel von zu Hause weg. Ich fuhr morgens um halbsieben mit der Bahn nach Münster und kam abends um zehn nach sechs wieder in Hoetmar an. Mittags hatte ich entweder in der Kantine oder auch mal bei Pinkus Müller, im Überwasserhof oder bei der Bäckerei Hülsmann, die für schmales Geld einen Imbiss im Stehen anbot, gegessen. Lange Arbeitszeiten waren damals nichts Ungewöhnliches. Bei mir wurde die Lage jedoch dadurch verschärft, dass ich samstags grundsätzlich Vorträge hielt und regelmäßig Unternehmen prüfte, die über vierzig Kilometer von Hoetmar entfernt waren, häufig waren das Körperschaften des öffentlichen Rechts, also städtische Betriebe wie Stadtwerke. Sobald wir über vierzig Kilometer von zu Hause entfernt waren, mussten wir vor Ort übernachten. Das war eine uralte Bestimmung, die sicherlich noch aus Zeiten vor der flächendeckenden Einführung des Automobils stammte, denn 40 Kilometer sind ja mit dem Auto nichts. Aber, uralt oder nicht, sie galt nach wie vor und wir hatten dort zu übernachten. Borken, Bocholt, überall musste geprüft werden. Und Stadtwerke sind ja nunmal auch Behörden, da fällt um spätestens 17.00 Uhr der letzte Griffel und dann bleibt einem als Prüfer nichts anderes übrig, als ebenfalls das Gebäude zu verlassen. Was macht man dann dort, alleine? Das war furchtbar öde, das waren lange Abende. Oft ging ich erst einmal ins Schwimmbad, anschließend essen. Aber alleine genießt man solche Aktivitäten nicht so sehr. Mich juckte vor allem der Gedanke an Hedwig, die alleine zu Hause saß und bei der ich gerne sein wollte, gerade in dieser Zeit, in der wir aus einem Ehepaar zu einer Familie wurden.

1959 brachte Hedwig Heinz zur Welt, 1960 Anne und 1965 Thomas.

Alle Kinder wurden in der Privatklinik Wesener-Roth in Münster am Aasee geboren, dort fühlte sie sich gut aufgehoben und vertraute den Ärzten. Das Vertrauen war der ausschlaggebende Punkt. Es war dort gar nicht unbedingt luxuriöser als in anderen Kliniken, aber die Atmosphäre war eine andere, und das war für Hedwig entscheidend. Und als Frau stand es ihr natürlich zu, diese Entscheidung zu treffen. Die Geburten von Heinz und Anne waren, soweit ich das als Mann beurteilen darf und kann, „normale" Geburten. Hedwig weckte mich, wir nahmen das fertig gepackte Köfferchen, ich verstaute sie auf dem Beifahrersitz und brachte sie nach Münster. Dann tigerte ich dort auf und ab, bis die erlösende Nachricht kam: Mutter und Kind wohlauf.

Bei Thomas sah das etwas anders aus. Ich war abends mit meinem Jagdkollegen Willi Beese in Harsewinkel gewesen, bei einem großen Schlachtbetrieb, mit dem er als Bauer regelmäßig zu tun hatte, der ihn faszinier-

Heinz und Anne, um 1963

te und den er mir gerne zeigen wollte. Natürlich hatten wir unsere Eindrücke anschließend noch besprochen und begossen. Mitten in der Nacht weckte Hedwig mich: „Es geht los!“ Damit hatte ich überhaupt noch nicht gerechnet, sie war erst im siebten Monat. Ich durfte genau genommen noch gar nicht wieder fahren. In unsere Eile vergaßen wir die Krankenversichertenkarte. Ein Köfferchen gab es auch noch nicht, alles war hektisch und ungeplant. Da Thomas so früh kam, wurde er mitten in der Nacht, direkt nach der Geburt, in die Universitätsklinik verlegt. Dort konnten wir keine Karte vorzeigen und mussten erstmal Bargeld auf den Tisch des Hauses legen, um überhaupt behandelt zu werden. Wir befanden uns ohnehin in einem Ausnahmezustand, geschockt, in Angst um unseren Sohn, und dann so etwas. Thomas musste einige Wochen im Brutkasten verbringen. Die ersten Tage durfte ich ihn nur durch eine Scheibe betrachten, das war nicht schön. Wenn man das eigene Kind nicht mal auf den Arm nehmen darf... Zum Glück kam er bald nach Hause und hat sich dann ganz normal und toll entwickelt.

Thomas, Anfang der siebziger Jahre

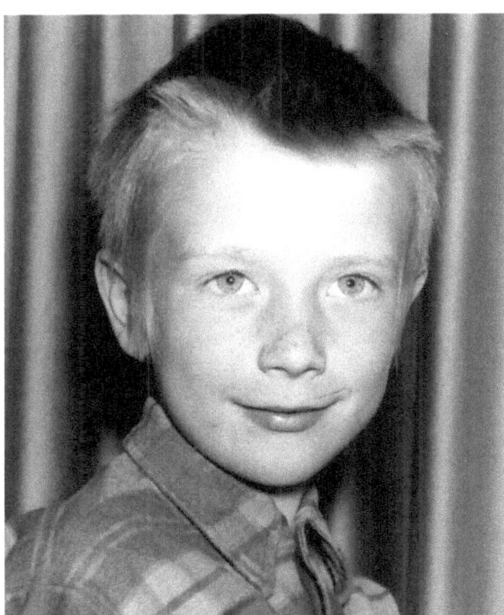

1960 kam ich zur Großbetriebsprüfung, eine eigene Abteilung der Finanzverwaltung und ein Topp-Platz, weil hier natürlich das eigentliche Geld im Finanzamt „gemacht", also eingetrieben wird. Diese Stelle, im Amt nur GroßBP genannt, saß nicht an der Münzstraße, sondern in einem eigenen Büro an der Weseler Straße. Ich war damals die Nummer zwölf des Büros, was wirklich hieß, dass es damals genau zwölf Großbetriebsprüfer gab. Heute ist das zu Recht eine Abteilung mit mehreren hundert Mitarbeitern.

Diese Arbeit gefiel mir in jeder Hinsicht gut. Inhaltlich war es sehr interessant, weil der Einblick in Betriebe, der mich immer schon gereizt hatte, hier noch intensiver möglich war. Bei einem großen Unternehmen saß man schon mal sechs oder acht Wochen, bis hin zu einem Vierteljahr, in dessen Räumen und prüfte, da bekam man doch sehr viel mit. Die Arbeit war auch finanziell ganz lukrativ, weil man für Tage, die man nicht im Büro des Finanzamtes verbrachte, ein Tagegeld bekam. Am meisten begeisterte mich daran jedoch die Freiheit, mit der ich arbeiten konnte. Ich bekam eine Liste aller Unternehmen, für die ich zuständig war, und dem Vermerk, wann diese Unternehmen das letzte Mal geprüft worden waren. In der Regel sollte das alle vier bis fünf Jahre passieren. In welcher Reihenfolge ich dann prüfte, ob ich eine Firma vorzog, in der ich im vergangenen Jahr schon gewesen war, weil mir etwas komisch vorgekommen war, ob ich in einem Unternehmen sechs, acht oder zehn Wochen verbrachte, das schrieb mir keiner vor. Das ging auch gar nicht, weil man oft erst vor Ort feststellte, wie gut die Unterlagen geführt und sortiert waren, denn ungeordnete oder gar unvollständige Unterlagen verzögerten den Prozess ganz gewaltig. Manchmal waren auch Bewertungen schwer vorzunehmen und man verbrachte viel Zeit in der Bibliothek des nächstgelegenen Finanzamtes, um zugehörige Rechtssprechungen zu überprüfen.

Es war damals sicherlich einfacher, Steuern zu hinterziehen, als heute, wo alles mit dem Computer erfasst ist. Aber man entwickelte auch damals einen gewissen Spürsinn. Man kann ja in einem Großbetrieb, selbst wenn man da mehrere Monate verbringt, gar nicht jeden einzelnen Beleg prüfen, das ist gar nicht drin. Aber man entwickelt einen gewissen Instinkt dafür, welche Unternehmen bzw. welche Bereiche in einem Unternehmen man genauer unter die Lupe nehmen sollte.

Einer der wesentlichen Punkt bei der Berechnung der Steuerschuld, damals wie heute, ist die Frage der Bewertung des vorhandenen Warenbestandes. Hat eine Firma am Jahresende noch Waren aus eigener Produktion, die schon länger nicht verkauft werden konnten, muss ich die noch mit den Herstellungskosten ansetzen? Oder sind die nur noch unter Herstellungspreis zu verkaufen? Wie ist das mit offenen Forderungen? Wie wahrscheinlich ist es, dass Kunde xy seine Schulden noch begleicht? Wie viel Prozent der Forderungen muss ich abschreiben? Das sind ja auch die Fragen die nur noch wenig mit trockenen Zahlen zu tun haben, wo Sachverstand in unterschiedlichen Bereichen bzw. die Bereitschaft, sich in unterschiedliche Branchen reinzudenken, gefragt ist.

Im Amt wurde eine Statistik darüber geführt, wie viele Steuern jeder Prüfer „rein holte". Wer die Tabelle anführte, war der Beste. Dabei wurde aber zwischen echten Nachzahlungen und reinen Verlagerungen zwischen den Jahren unterschieden. Wenn beispielsweise ein vorsichtiger Kaufmann sagt, diese offenen Forderung werde ich wohl nicht mehr in voller Höhe eintreiben können, und setzt sie in der Bilanz nur noch mit 60% an, erhält das Geld aber am 5. Januar des folgenden Jahres, dann sage ich als Steuerprüfer: Den Abschlag in dieser Höhe hättest du gar nicht machen dürfen, so unwahrscheinlich war es nicht, dass das Geld noch einging, also musst du die auf diese Forderung entfallenden Steuern noch für das vergangene Jahr nachzahlen. Dabei handelt es sich ja ausschließlich um die Frage, wann er die Steuern bezahlt, nicht ob er sie bezahlt. Nur wenn ich aufdecke, dass ein Betrieb tatsächlich Einnahmen gar nicht angegeben und dadurch seine Steuerlast zu Unrecht gesenkt hat, sind die daraus resultierenden Nachzahlungen Gelder, die dem Staat sonst entgangen wären.

Als Großbetriebsprüfer lernte man sehr schnell, nicht seine Position auf der Tabelle des Amtes im Kopf zu haben und um jeden Preis Geld rauszuholen. Wenn man sehr sachlich an seine Aufgabe rangeht, wird man auch in den Betrieben entsprechend empfangen und kann spannungsfrei arbeiten. Differenzen bei der Bewertung des Warenbestandes, bei denen Steuerberater des Inhabers und Steuerprüfer selten einer Meinung sind, können leichter beigelegt werden, insgesamt verläuft der Prozess störungsfreier und im Ergebnis wahrscheinlich auch für beide Seiten am fairsten. Wenn ich abends nach Hause kam, spukten mir noch oft Eindrücke, Zahlen und Begegnungen des Tages im Kopf herum und ich musste unheimlich aufpassen, nicht durch eine unbedachte Bemerkung Andeutungen über die Situation eines Betriebes zu machen, das Steuergeheimnis nicht zu verletzen. Da war es manchmal sehr hilfreich, erstmal eine Stunde durch´s Jagdrevier zu spazieren und den Kopf freizubekommen.

Ohnehin hat man in einem Unternehmen mehr Kontakt mit dem Steuerberater als mit dem Firmenchef. Da besteht ja eine direkte Konkurrenz, da konnte es in einer Schlussbesprechung schon mal laut werden. Mit den Steuerberatern war man ständig in Kontakt, mit einem kam man besser aus, mit anderen schlechter. Oft hatte ich es mit Johannes Greiwe zu tun, einem alten Sendenhorster, der nach dem Krieg eine Steuerberatungspraxis in Beckum eröffnet hatte. Wir saßen uns häufig auf unterschiedlichen Seiten des Tisches gegenüber, konnten aber immer sehr fair und sachlich miteinander umgehen und trotz unserer „Konkurrenz" ein gutes Verhältnis zueinander entwickeln. 1968 bot Herr Greive mir an, mit ihm gemeinsam eine Sozietät aufzumachen. „Wollen Sie nicht bei mir einsteigen?" Er hatte wohl meine Fachkenntnis kennen- und schätzen gelernt, insofern ehrte mich sein Angebot. Aber ich hatte im Rahmen des Finanzamtes eine gute Karriere hingelegt, war mittlerweile Steuerrat, wir standen uns finanziell mit Gehalt, Reisespesen und den Vortragshonoraren nicht schlecht. Vor allem aber war die Sicherheit, die man als Beamter auf Lebenszeit genoss, nicht zu unterschätzen. Warf man die weg, wenn man drei Kinder hatte, von denen das älteste neun Jahre alt war?

Ich quälte mich furchtbar mit dieser Entscheidung, das nahm ich abends mit ins Bett und morgens stand ich damit auf.

Einen Morgen war ich entschlossen, zu wechseln, am nächsten Morgen dachte ich: „Nein, das tust du unter gar keinen Umständen." Was mich so hin- und herriss, war einerseits mein großer Ehrgeiz. Ich sah wohl, welche Möglichkeiten, auch finanziell, das Angebot des Steuerberaters mit sich brachte, sah auch, dass die Höhe meines Einkommens, wenn ich selbstständig war, von meinen Fähigkeiten, meinem Fleiß und meiner Energie abhing. Da traute ich mir einiges zu und immer wieder juckte es mich, das auch zu beweisen. Andererseits riet mir jeder davon ab, die Sicherheit als Beamter aufzugeben. Was sollte aus meiner Familie werden, wenn ich krank wurde? Wollte ich das wirklich riskieren? Den Ausschlag gab Hedwigs Ablehnung dieses Planes. Gegen ihren Willen mochte ich das nicht durchsetzen, so sagte ich Herrn Greiwe nach eineinhalb Jahren Hin und Her endgültig ab, schlug ihm aber einen Kollegen vor, den ich sehr schätzte. Wir trafen uns zu dritt, aber Herr Greiwe hatte sich wohl darauf versteift, dass er mit mir zusammenarbeiten wollte. Wir kamen einfach sehr gut miteinander aus. Wir beiden Sendenhorster küerten auch schon mal platt miteinander, mit meinem Kollegen konnte er sich nicht so recht anfreunden.

Im Endeffekt war es mein Ehrgeiz, der gesiegt hat. Mein Ehrgeiz, aber auch der Gedanke im Hinterkopf, dass meine Eltern mir materiell wenig hatten bieten können. Sie hatten nicht einmal die Chance gehabt, mir den Besuch einer Höheren Schule zu ermöglichen. Ich konnte ihren Schmerz darüber, jetzt, wo ich selber Vater war, sehr gut nachvollziehen und schwor mir, meinen Kindern mehr bieten zu können. Es war dieser Gedanke, den wohl viele Eltern meiner Generation kennen: Die eigenen Kinder sollten es einmal besser haben.

Die Unterschiede im Übergang vom Beamten zum Freiberufler waren enorm. Natürlich änderte sich die Arbeitszeit ganz gewaltig, vor allem aber die Arbeitsintensität. Da fand eine gefühlte Steigerung von 100 Prozent statt, obwohl ich auch vorher nicht gebummelt hatte. Der größte Unterschied für mich war aber, dass ich meinen Ehrgeiz ausleben konnte und sich das auch bezahlt machte. Im Finanzamt konnte man noch so fleißig sein, bis auf eine winzig kleine Sondervergütung änderte das nichts an meinem Einkommen. Nun konnte ich das selber beeinflussen, darüber steuern, wie viel ich arbeitete und wie viele Mandate wir annahmen. Johannes Greiwe und ich zahlten uns kein festes Gehalt sondern teilten jeden Monat unter uns auf, was übrig blieb, nachdem wir alle Kosten beglichen und alle Gehälter bezahlt hatten und das war schnell ein Mehrfaches dessen, was ich im Finanzamt verdient hatte.

Was an dieser Form der Selbstständigkeit angenehm ist, ist die Tatsache, dass es eine feste Gebührenregelung gibt. Man muss nicht feilschen, Mitbewerber unterbieten. Man punktet nicht über den Preis, sondern über die gute Arbeit, die man leistet, durch die Qualität der Beratung. Der eine Mandant erzählt es dem nächsten, so wächst die Nachfrage. In Sendenhorst, Hoetmar und Umgebung hatte es sich schnell rumgesprochen, dass ich nun selbstständig war, auch das trug dazu bei, dass der Mandantenstamm geradezu explodierte. Als wir uns zusammentaten, waren wir zwei Chefs mit fünf Mitarbeitern. Das wurde aber schnell zu wenig, wie auch die Büroräume in einem Nebengebäude des Greiweschen Privathauses rasch zu eng wurden. Wir kauften uns am Lipborger Weg in Beckum einen Altbau und bauten ihn unseren Bedürfnissen entsprechend um. 1977 hatten wir etwa 25

Späterer Sitz der Steuerberatungspraxis am Konrad-Adenauer-Ring 80 in Beckum

Mitarbeiter. Um Nachwuchsproblemen aus dem Weg zu gehen, hatten wir begonnen, jedes Jahr zwei oder drei Auszubildende einzustellen. Unter der Woche herrschte Hektik im Büro, jeder Mitarbeiter hatte etwas zu besprechen, eine Nachfrage, das Bedürfnis, sich rückzuversichern. Samstags herrschte Ruhe. Wir führten ein, dass jeder Mitarbeiter einmal im Monat samstags zu kommen hatte. Diese Vormittage boten die Gelegenheit, sich in Ruhe mit den Anliegen eines jeden Einzelnen zu befassen. Das trug zum guten Klima in unserem Büro bei, ebenso wie die zweitägigen Ausflüge, zu denen wir alle Mitarbeiter einmal im Jahr einluden.

Unser Erfolg kam aber nicht von alleine, wir arbeiteten häufig bis spät in den Abend hinein und jeden Samstag. Hinzu kam, dass ich vor allem nach anstrengenden Schlussbesprechungen bei Betriebsprüfungen oder kniffligen Fragestellungen im Betrieb eines Mandanten den Kopf abends oft so voll hatte, dass ich gar

Betriebs-Weihnachtsfeier in den achtziger Jahren

nicht sofort abschalten konnte. An solchen Abenden holte ich mir abends eine Flasche Bier und eine Mettwurst von zu Hause, fuhr in den Wald und setzte mich auf meinen Hochsitz. Das war eine Wohltat! Die Gedanken lösten sich, mir kamen die besten Ideen auch für kniffelige Probleme, komplizierte Erbregelungen, mein Kopf wurde richtig klar. Das geht mir bis heute so: Auf dem Hochsitz merke ich nicht, wie die Zeit

vergeht. Das ist unglaublich entspannend. Oft habe ich nicht einmal ein Gewehr dabei, sondern will einfach nur die Natur genießen. Da ist immer etwas zu sehen, ich langweile mich da keine Minute. Als im Zuge der Gemeindereform 1975 auch die Jagdreviere neu eingeteilt wurden, wollten Willi Beese und Hermann Gerbermann sich nicht erneut um ihr Revier bewerben; sie waren beide schon alte Herren. Mit Willi Beeses Bruder Josef und einem Mercedeshändler aus Gelsenkirchen zusammen bot ich auf die Jagd südwestlich von Alverskirchen. Wir entwickelten uns zu einer sehr guten Gemeinschaft. Einmal im Jahr luden wir Frauen und Kinder ein, auch zu den Bauern im Jagdrevier pflegten wir gute Kontakte und beteiligten sie an den Jagden. Später wurden wir bei der turnusmäßigen Neuverpachtung des Reviers von einer Gruppe Industrieller aus dem Ruhrgebiet überboten und ersteigerten stattdessen das Jagdrevier Sendenhorst II. Wenn man von Hoetmar nach Sendenhorst fährt, gehört alles jenseits der Angel und links von der Straße zu unserem Jagdgebiet. Das ist ein ganz wunderbares Revier, noch dazu direkt vor der Haustür. Natürlich nahm ich auch mal eines der Kinder mit auf den Hochsitz, aber der Funke meiner Begeisterung sprang nicht über. Vielleicht muss man erst ein gewisses Alter erreicht haben, um am stundenlangen Verharren in der Natur und dem Jagen gefallen zu finden.

Die Mitglieder meines Stammtisches vor der Gastwirtschaft „Waldmutter" in den achtziger Jahren. Neben dem Jagen war ein reges Sozialleben, geprägt durch die Mitgliedschaft in zahlreichen Vereinen, dem Hoetmarer Herrenclub und einem Stammtisch, ein wichtiger Ausgleich zur Arbeit.

1977 starb mein Sozius Johannes Greiwe vollkommen überraschend; er erstickte an einem Stück Apfel, das ihm in die falsche Kehle gerutscht war. Das war ein Schock! Wir hatten nicht nur unsere Praxis gemeinsam geführt, wir standen uns auch menschlich sehr nahe, obwohl wir ganz unterschiedliche Typen waren. Auch unser gemeinsamer Erfolg hatte uns miteinander verbunden.
Ich kaufte seinen Erben seinen Anteil an der Praxis ab und führte sie ein Jahr lang alleine, bevor ich einem Mitarbeiter anbot, zunächst mit wenigen Anteilen, die nach und nach wachsen sollten, bei mir einzusteigen.

Unsere Arbeitsaufteilung zu Hause blieb klassisch: Hedwig kümmerte sich um die Kinder, beaufsichtigte die Hausaufgaben, kannte alle Freunde und Lehrer, backte Kuchen für das Sportvereinsfest und den Schulnachmittag und regelte überhaupt alles, was im Haushalt und bei den Kindern anfiel. Ich verstehe bis heute nichts von Küche und hatte weder dafür noch für all die anderen Familiensachen Zeit. Zumindest meinte ich das. Selten schaffte ich es, bei Thomas´ Fußballspielen am Rand zu stehen, so wie mein Vater es bei mir getan hatte.

Es war ein großes Glück, dass mein Freund Willi Beermann mich eines Tages anrief. Er befand sich gerade zum Urlaub in Travemünde und redete mir ins Gewissen: „Heinz, du musst nicht immer nur arbeiten, du musst auch mal Urlaub machen. Hier ist eine wunderbare Wohnung frei, die haben wir für euch reserviert, kommt her!" Das haben wir ganz kurzentschlossen auch getan und seitdem fuhren wir jedes Jahr nach Travemünde. Urlaub ist für uns und auch für die Kinder bis heute gleichbedeutend mit Travemünde. Erst fuhren wir in die von Willi Beermann entdeckte Ferienwohnung, später, damit auch Hedwig sich vollkommen entspannen konnte, immer in das Hotel Strandschlösschen, direkt am Strand gelegen mit Blick auf die Promenade. Das war wunderbar, obwohl, oder vielleicht gerade weil wir nichts Großartiges unternahmen. Kein Programm. Wir mieteten uns Strandkörbe und verbrachten dort den Tag, plantschten im Wasser, unterhielten uns, Hauptsache, wir waren zusammen. Abends genossen wir das gesellige Beisammensein, den Ausblick auf die großen Pötte wenige Meter von der Restaurant-Terrasse entfernt. Travemünde war und ist ein wichtiger Teil unseres Familienlebens seit mittlerweile über vierzig Jahren. Alleine, ohne Kinder, verreisen Hedwig und ich oft in unsere Ferienwohnung im sauerländischen Willingen, da uns die Fahrt nach Travemünde mittlerweile abschreckt.

„Plötzlich stelle ich fest, ich bin regelrecht ein Familienmensch.“

Heute

Mein Leben war immer stärker durch die Arbeit als durch das Familienleben geprägt. Ich war immer von dem Gedanken, dem Wunsch geleitet, den Kindern etwas bieten zu können. Ich hatte von zu Hause nichts mitbekommen und hatte den Ehrgeiz, dass das bei meinen Kindern anders laufen sollte. Und das hat ja auch geklappt. Da bin ich schon ein bisschen stolz drauf, das muss ich ganz ehrlich sagen.
Trotzdem war ich als Vater selten zu Hause und auch in den ersten Lebensjahren unserer Enkel war ich noch zu beschäftigt, um ein sehr aktiver Großvater zu sein. Acht Enkel wurden uns im Lauf der neunziger Jahre geschenkt. Annes Kinder sind die ältesten. Mit ihrem

Viel beschäftigt - und immer hat Hedwig mir Rückendeckung gegeben.

Acht wundervolle Enkel

Mann Edgar Kuhn hat sie die Kinder Michael, geb. 1991, Bastian, 1993 und Carolin, 1995. Heinz und seine Frau Annette Kebbekus haben Maria, 1997 und Martin, 1999. Fast gleich alt sind die drei Kinder von Thomas und Alexandra: Sarah 1995, Moritz, 1997 und Vanessa, 1999.

2001 schied ich nach einem schweren Schlaganfall, von dem ich mich glücklicherweise gut erholt habe, aus der Praxis aus. Zu diesem Zeitpunkt hatten wir 34 Mitarbeiter.
Ans Aufhören dachte ich deswegen noch lange nicht. Ich kann mir ein Leben ohne Arbeit nicht vorstellen. Morgens aufzuwachen und gar keine Aufgaben für den Tag zu haben, das wäre nichts für mich. Aber natürlich arbeite ich wesentlich weniger, als zuvor und kann seitdem richtig Anteil am Familienleben nehmen.

1972 waren wir aus dem Haus an der Raiffeisenstraße in unser heutiges Haus in der Hellstraße gezogen, das wir selber auf einem ausgesprochen großen Grundstück gebaut hatten. Beide Söhne wohnen heute mit ihren Familien auf dem Grundstück und auch unsere Tochter ist in Herten-Westerholt noch in erreichbarer Nähe. Wir haben ein enges Familienleben. Fußballspiele werden in der Regel bei uns im Wohnzimmer gemeinsam geschaut. Das genieße ich und stelle fest, ich bin regelrecht ein Familienmensch. Wenn meine Enkel Fußball spielen, stehe ich am Rand. Es gibt auch andere Sportarten, ich bin stolzer Opa der Kreismeisterin im Tischtennis. Das bewundere ich sehr, ich freue mich über jeden Sport, dem unsere Enkel nachgehen. Den ersten hatte ich auch schon mit zur Jagd. Aber etwas anderes als Fußball anschauen… nee, da bin ich nicht so für.

Heute genieße ich Zeit mit der Familie und freue mich über jedes Beisammensein. Ich könnte mir vorstellen, dass meine Kinder sich das in ihrer Jugend häufiger gewünscht hätten, als ich vor allem gearbeitet habe.
Umso mehr freue ich mich, ihnen noch einmal durch all meine Erinnerungen, die in diesem Buch festgehalten sind, nahe sein zu können.

Bildnachweis

Die Abbildungen auf den S. 15/17/21(2)/35/37/118/124 stammen aus dem Fundus des Heimatvereins Sendenhorst. In diesem Zusammenhang bedanke ich mich insbesondere bei den Herren Hans Homeyer und Christian Hölscher für das rasche Auffinden und Übersenden der Motive.

Die Abbildungen auf den S. 50/54/73/78 stammen aus den Unterlagen des Landesarchives Nordrhein-Westfalen. Fundorte bzw. Aktenzeichen sind jeweils vermerkt.

Alle anderen Abbildungen stammen aus dem Privatbesitz der Familie Höne.